敗者の明治維新と北海道移民、屯田兵

～東北諸藩の苦難の歴史～

北国諒星
Ryousei Hokkoku

北海道出版企画センター

はじめに

戊辰戦争（慶応4年1月〜明治2年5月。1868〜1869）で敗者となった会津藩、仙台藩、庄内藩など東北諸藩では、戦後、多くの人びとが生活のために、北海道へ移住した。その中には、一般の移住者（団体移住・個人移住）のほか、国の政策で新たに設けられた屯田兵制度による「屯田兵」となって、入植した者も含まれていた。

渡道して来た彼らは、多くの困難の中で刻苦精励し、自分たちの居場所を確立するとともに、今日の豊かな北海道を築く礎《いしずえ》になった。

本書は、北海道移民史の研究者である筆者が、なぜ彼らが住み慣れた故郷を離れて北海道に入植しなければならなかったのか、その理由を含めて、移住までの経緯や、移住後の実態などを詳しく分析し、その結果を解説しようとこころみたものである。

彼らの努力は、北海道の街づくりや基盤づくり、耕地面積の拡大のようなものだけでなく、〝開拓魂〟といわれる精神面でも大きな影響を与え、今日に繫がっている。

敗者の明治維新と北海道移民、屯田兵

―東北諸藩の苦難の歴史―

目　次

はじめに ―― 1

1　東北戊辰戦争と奥羽越列藩同盟諸藩の敗北 ―― 9

(1)　経過の概略 ―― 10

(2)　新政府軍の東北征討開始と世良修蔵暗殺事件 ―― 15

(3)　新政府軍の標的にされた会庄２藩 ―― 19

①　会津藩の籠城と敗戦 ―― 19

〔トピック１〕白虎隊少年兵たちの自決 ―― 23

〔トピック２〕会津藩降伏と〝泣血氈《きゅうけっせん》〟の逸話 ―― 24

②　庄内藩、最後まで戦い抜く ―― 27

〔トピック３〕東北最初の砲声響く―清川口の戦い― ―― 29

(4)　会津藩に次ぐ死者を出した仙台藩 ―― 31

(5) 秋田藩の背信 —— 36
(6) 米沢藩、苦渋の路線転換 —— 39
(7) 盛岡藩の反骨 —— 41
(8) 弘前藩、遅れた恭順のツケ —— 45
〔トピック1〕「野辺地戦争」ぼっ発 —— 49
〔トピック2〕ハーマン号沈没事件起きる —— 50
(9) 主な東北諸藩の戦死者（概数） —— 52
(10) 〝賊軍〟の埋葬と招魂社 —— 53
(11) 東北戊辰戦争後の処分・恩賞による主要各藩の石高変化 —— 56
(12) その他の東北諸藩の処分・恩賞による石高変化 —— 57
戊辰戦争当時の「奥羽越諸藩」の分布略図 —— 60
(13) その他の東北・越後諸藩は、危機をどのように乗り切ってきたか？ —— 61
① 陸奥 —— 61
② 出羽 —— 69
③ 越後（関係分） —— 74

2 会津藩処分、斗南藩立藩と会津降伏人等の北海道移住 ―― 79

(1) 会津藩の処分 ―― 79

(2) 会津藩士らの幽閉と〝流刑地〟への移送・謹慎 ―― 80

ア 城内籠城・降伏組（3、200余人） ―― 80

イ 城外戦闘・降伏組（1、740余人） ―― 82

ウ 一部を北海道へ送り出す―〝会津降伏人〟の余市移住― ―― 84

〔トピック1〕余市に決定―「御受書」を差し出す― ―― 88

〔トピック2〕リンゴ栽培に成功 ―― 90

(3) **斗南藩の立藩（明治2年11月）** ―― 92

〔トピック〕旧会津藩士の斗南移住の開始（明治3年4月） ―― 95

(4) **その他の旧会津藩士たちの移住** ―― 96

〔トピック1〕北海道に転住した白虎隊士たち ―― 96

〔トピック2〕雑賀孫六郎（重村・一瀬紀一郎）の移住 ―― 100

〔トピック3〕丹羽五郎の移住（旧丹羽村の創建） ―― 101

〔トピック4〕好川喜五右衛門の入植 ―― 104

〔トピック5〕その他瀬棚・歌棄・山越各郡へ入植した者たち——105

3 仙台藩処分、傘下有力領主・家臣の北海道移住——106

(1) 仙台藩の家臣構成と新政府による処分——106
ア 仙台藩の家臣構成——106
イ 仙台藩傘下有力領主の戦時中における行動——117
ウ 処分の内容——121
エ 仙台藩の減封と混乱—「北海道開拓」への道——125
〔トピック〕仙台藩傘下各領主の敗戦後の家禄減少内訳——126

(2) 傘下有力領主の北海道移住——129
ア 北海道への移住申し出をした領主と移住先——129
イ 北海道移住の経過など——130

4 米沢、盛岡、庄内各藩の処分と「その後」——142

(1) 米沢藩（慶応4年9月8日降伏）——142
〔トピック〕最近の話題〜最後の米沢藩主・上杉茂憲、沖縄県政で名を残す——142

(2) 盛岡藩（慶応4年9月22日降伏） 143
〔トピック〕盛岡藩士族の札幌・月寒への移住 144
(3) 庄内藩（慶応4年9月23日降伏） 145
〔トピック1〕庄内藩が戦後に輩出した開拓使幹部～松本十郎大判官 146
〔トピック2〕旧庄内藩士の木古内町への移住 146

5 秋田藩・弘前藩の苦悩と行動 148
(1) 秋田藩（佐竹義堯）の苦悩 148
(2) 弘前藩（津軽承昭）、態度豹変 149

6 その他の東北・越後諸藩の「その後」 150
〔トピック〕北越殖民社の移住例 150

7 東北諸藩出身屯田兵の北海道移住 152
(1) 屯田兵（7、337戸・約4万人）の出身地ランキング 156
(2) 東北出身屯田兵の入植の期別変化（各県別） 157

(3) 会津・仙台両藩からの屯田兵移住 —— 158
ア 明治初期の兵村入植者中、東北各県出身者の割合 —— 158
イ 琴似兵村及び山鼻兵村の屯田兵の出身県別内訳 —— 161
〔トピック〕緋毛氈《ひもうせん》（泣血氈《きゅうけつせん》）と思われる布切れを、山鼻屯田兵の子孫宅から発見 —— 163
ウ 三澤毅、進撃隊士（甲長）として奮戦―のちに隊旗を携え屯田兵となり渡道 —— 163
〔トピック1〕当時の新琴似兵村の入植状況 —— 169
〔トピック2〕三澤毅は新琴似兵村の開村に貢献 —— 171
〔トピック3〕道内の子孫宅で発見された「斗南士族の名簿」 —— 171
〔トピック4〕『三澤日記』（『諸扣帳《しょこうちょう》』）を書き残す —— 172
(4) 屯田兵移住者の生活上の制約 —— 172
(5) 東北出身屯田兵と西南戦争への従軍 —— 172
〔トピック〕屯田兵の西南戦争参戦と事変など —— 174
8 その他参考となる事柄 —— 178
(1) 東北地方からの北海道移民（一般移民）は、一貫して多かった —— 178
(2) 東北からの移民は、移住先に郷里にちなむ地名を冠し懐かしんだ —— 179

(3) 開拓民は、厳しい開墾生活を耐え抜いた ―― 180
ア 開拓地の食生活 ―― 180
イ 住生活 ―― 182
ウ 教育のあゆみ ―― 185
エ 駅逓所の存在 ―― 187

終わりに ―― 192

〔参考〕
敗者の明治維新と北海道移民・屯田兵略年表 ―― 194
主な参考文献 ―― 202

1 東北戊辰戦争と奥羽越列藩同盟諸藩の敗北

戊辰戦争図

慶応4年（1868）1月の「鳥羽伏見の戦い」を皮切りに、幕府勢力とこれを覆そうとする朝廷・討幕派勢力は、武力抗争―いわゆる「戊辰戦争」に突入した。

この年の4月には江戸城が開城となり、朝廷・討幕勢力は決定的な勝利をモノにした。

しかし、戦火はこれで収まらず、東北地方に拡大していく。このため、東北各藩は、否応《いやおう》なしに戦争に巻き込まれていった。

(1) 経過の概略

〔慶応4年（1868　明治元年）〕

1月　鳥羽伏見の戦いぼっ発（戊辰戦争始まる）。将軍徳川慶喜《よしのぶ》らは、大坂城から海路、江戸へ脱出した。

2月　東征大総督有栖《ありす》川宮《がわのみや》熾仁《たるひと》親王が進発した。一方の徳川慶喜は、江戸の寛永寺に閉居した。

3月　天皇は京都御所において、五事を誓った（五箇条の御誓文）。九条道孝らが、奥羽鎮撫軍を率いて海路、仙台に進駐。仙台藩に「会津攻め」を強要した。

4月　新政府軍が江戸城に入城。徳川慶喜

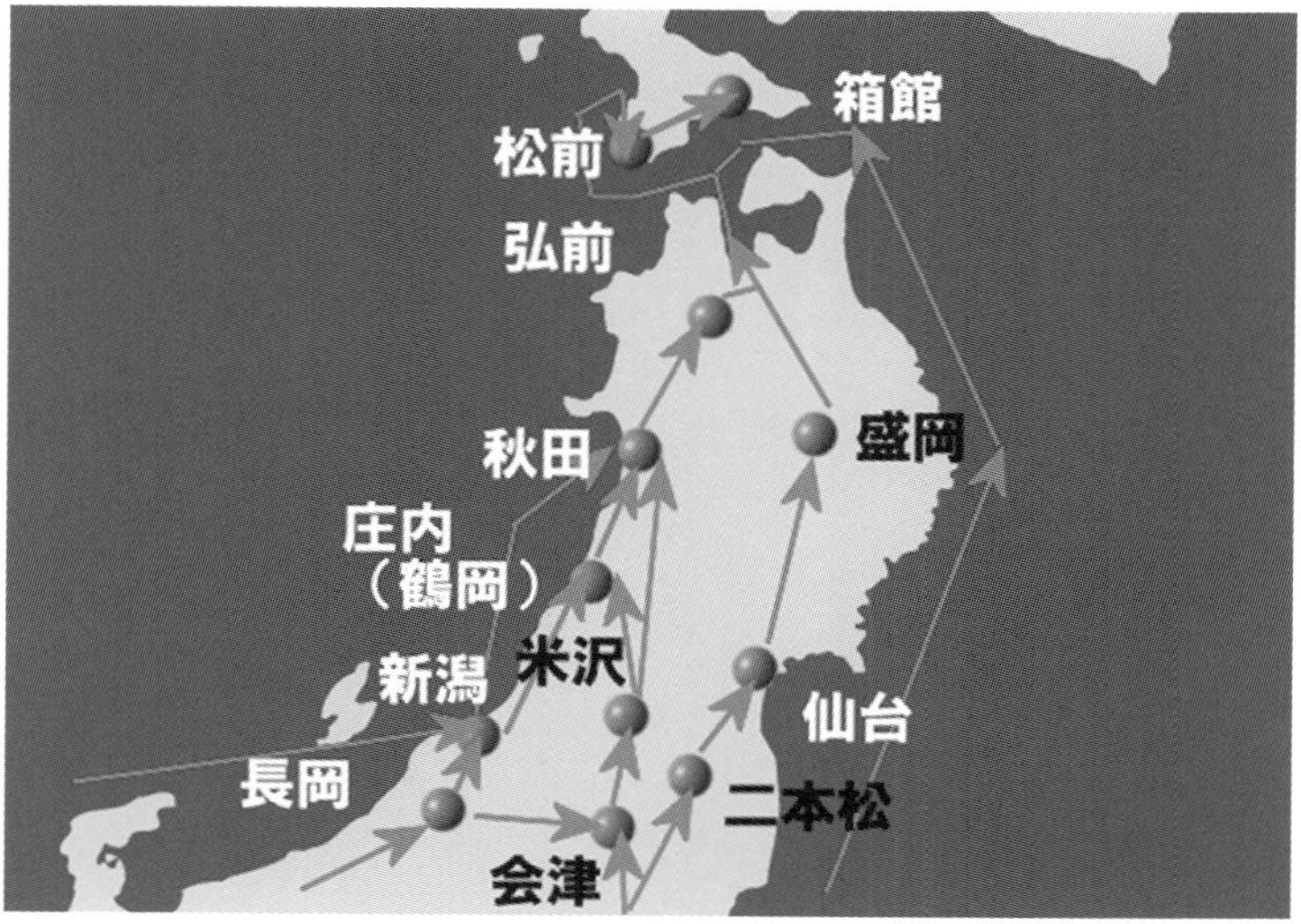

東北戊辰戦争・箱館戦争（新政府軍の進路）

は水戸へ退いた。旧幕臣榎本武揚が軍艦8隻を率いて脱走。仙台藩、「会津攻め」に出兵。白石城に布陣した。

仙台・米沢両藩が中心となり、「会津謝罪嘆願書」をまとめ新政府軍に提出したが、新政府軍の参謀世良修蔵《せらしゅうぞう》らはこれを拒否した。

これに憤った仙台・福島両藩の一部藩士らが、福島で新政府軍参謀・世良修蔵を暗殺した（20日未明）。新政府軍は庄内藩領清川を攻撃し、これが東北最初の戦火となった（24日）。

5月14日、「奥羽列藩同盟」が成立し、仙台藩・米沢藩など25藩が加盟。のち新発田藩など

有栖川宮熾仁親王
（東征大総督）

九条道孝
（奥羽鎮撫総督）

鶴ヶ城（若松城。外観復元。会津若松市）

白石城（宮城県白石市。復元）

越後6藩が加わり、「奥羽越列藩同盟」に発展した。

仙台藩の南の要衝・白石城内には、奥羽越公議所が設けられ、その中心に輪王寺宮（のちの北白川親王・明治天皇の叔父）を迎え、これに従った旧幕府老中・板倉勝静や小笠原長行は参謀になった。

こうして新政府軍に対する東北各藩の抗戦体制が整った。

〔参考〕奥羽越列藩同盟参加31藩とは？

仙台・米沢・南部・秋田・弘前・二本松・守山・新庄・八戸・棚倉・相馬・三春・山形・磐城平・松前・福島・本荘・泉・亀田・湯長《ゆなが》谷《や》・下手渡《しもてど》・矢島・一関・上山・天童各藩（以上、東北・北海道の25藩）新発田・村上・長岡・黒川・三根山・村松各藩（以上、越後の6藩）

5月25日、新政府軍が会津・仙台各藩の守備する白河城への攻撃を開始。仙台藩等が白河口（福

奥羽越列藩同盟旗
（黒地のものと白地のものがある）

島県）に出兵し戦闘開始。
6月 新政府軍は短期決戦を意図し、白河口・浜通り・北陸道の三方向から進撃し、会津藩を孤立させる作戦に出た。16日には、平潟港（茨城県北茨木市）から軍艦3隻・約千人が上陸し各地で交戦。24日棚倉城が落城。28日には泉城、29日には湯長谷城がそれぞれ落城。
7月 白河口を突破された列藩同盟軍は、奪回を断念し撤退。新政府軍側に寝返った秋田藩を攻撃。しかし、列藩同盟軍は各地で敗退。10日、磐城平城落城。16日、三春藩が列藩同盟を脱退。29日、二本松城落城。
8月 各地の列藩同盟各藩は、ますます後退を余儀なくされた。6日、相馬城が落城。20日、新政府軍が会津攻撃を開始し、23日、会津白虎隊が飯盛山で自決。仙台藩が旗巻峠などで戦うが、総崩れとなった。旧幕臣榎本武揚ら寒風沢港に寄港し船体を修理。会津戦争・会津鶴ヶ城籠城戦（～9月）
9月 明治改元。米沢藩降伏（8日）。仙台藩・盛岡藩降伏（15日）。会津藩降伏（22日）。庄内藩降伏（23日）。東北戊辰戦争終結。版籍奉還
10月 榎本武揚らが箱館五稜郭を占領（12月蝦夷島政権を樹立）

11月　松前城落城

〔明治2年（1869）〕

3月　新政府軍約7千人が青森に集結
4月　新政府軍が道南の乙部へ上陸。松前城奪回
5月　蝦夷島政権崩壊（18日新政府軍に降伏。戊辰戦争終わる）。
7月　開拓使設置（初代長官に鍋島直正が就任）
10月　開拓判官島義勇、札幌本府建設に着手
11月　開拓使、移民扶助規則を制定

(2)　新政府軍の東北征討開始と世良修蔵暗殺事件

慶応4年3月、新政府軍（九条道孝奥羽鎮撫総督の率いる征討軍）の一行は、東京からまっすぐ仙台を目指してやって来た。東北最大の仙台藩の軍事力を利用して、会津に攻め入るつもりだった。

ちなみに、仙台藩（藩主伊達慶邦）は東北最大の雄藩で、2万2千人の兵力（うち藩主直属で7千人、その他家臣等で1万5千人）の動員力を誇っていた。

新政府軍一行は仙台に着くと、仙台藩校・養賢堂に本陣を置いた。総督府下参謀の世良修蔵（長州藩出身）、大山格之助（薩摩藩出身）

仙台藩主・伊達慶邦

仙台城（青葉城）跡の伊達政宗公騎馬像（仙台市青葉区）

らは、会津藩に同情的で出兵を躊躇《ちゅうちょ》する仙台藩に対して、出兵を促しまた仙台藩士をあざけるなど、傲慢な態度をとったといわれる。

閏4月12日、仙台藩主伊達慶邦と米沢藩主上杉斉憲は、諸藩を代表して総督本営のある岩沼で九条総督に会い、会津藩の降伏嘆願書と奥羽列藩27藩老親連盟の嘆願書を提出した。しかし総督は、参謀をはばかって即答を避けた。その後、白河に転戦中の下参謀世良修蔵は、断固としてこれを退けた。

このため東北諸藩は、会津征討に向かうか、列藩同盟の名のもとで薩長主導の新政府軍に歯向かうか否かの厳しい判断を求められることとなった。

世良修蔵
（奥羽鎮撫総督府下参謀・長州藩士）

大山格之助
（綱良。奥羽鎮撫総督府下参謀・薩摩藩士）

ちょうどその頃、福島城下の金沢屋に宿泊した世良修蔵が、当時新庄にいた参謀・大山格之助宛てに出した密書（「奥羽皆敵ト見テ逆撃之大策ニ至度候ニ付」と書かれていた）を、仙台藩士・瀬上主膳、姉歯《あねは》武之進たちが福島藩士から手に入れた。その内中味を見た彼らは激昂し世良の暗殺を決意、4月19日夜、彼が福島の金澤屋に宿泊中のところを襲って捕え、翌20日未明、近くの須川（阿武隈川支流）川原で斬首した。行年34。

世良の遺体は森合（福島市）の月心院に葬られたが、首は白石に運ばれ、確認後、白石大橋近くの白石川原に埋葬された。（戊辰戦後、長州関係者によって福島市の稲荷神社の一角に、世良の墓が建てられている。）

福島稲荷神社にある世良修蔵の墓（福島市）

世良の死が知らされると、列藩同盟の関係者は快哉を叫んだという。そして列藩同盟は軍事同盟の色彩を濃くしていった。

（注）世良修蔵は、長州藩の奇兵隊などで活躍した人物だった。

翌20日、奥羽25藩の家老たちは白石に会同、「奥羽列藩同盟」の成立となり（注・のちに北越6藩も加盟し31藩の軍事同盟「奥羽越列藩同盟」となる）、事態は明確に〝東北諸藩の反乱〟という事態に発展していった。

この事件は、諸藩と新政府軍の開戦契機となり、また、列藩同盟の盟主・仙台藩が新政府軍から恨みを買った意味でも、注目される事件である。

(3)　新政府軍の標的にされた会庄2藩

①　会津藩の籠城と敗戦

慶応4年1月の「鳥羽伏見の戦い」で薩長主体の新政府軍に敗れた将軍・徳川慶喜は、江戸に戻ったのち、江戸城を明け渡し、あくまで恭順の姿勢をとった。

このため、新政府軍の標的は、それまで幕府を支えてきた「支柱」ともいうべき会庄（会津藩・庄内藩）2藩に絞られた。

会津藩（28万石）は藩主松平容保《かたもり》を京都守護職に送り、新選組を抱えて京都の治安維持にあたり、同じ譜代の庄内藩も新徴組を指揮して江戸警備にあたり、ともに尊皇討幕派の弾圧に終始してきたという点では、同じ立場にあった。

会津藩主・松平容保

なお、会津藩の場合、慶応4年2月からは水戸藩から養子入りした松平喜徳《のぶのり》が家督を継いだ（喜徳は徳川斉昭の19男だった）。
会津藩は、早いうちから藩境に部隊を送り、守りを固めてきたが、8月21日、急峻な母成峠に進攻した圧倒的な新政府軍の攻勢の前に、わずか1日で藩境を突破されて重大な危機に直面した。
翌22日、松平容保は滝沢本陣において宿陣する。戸ノ口原の守備を固めるため、後述する白虎隊（士中二番隊）もここより出陣した。
23日、戸ノ口原の戦いで会津軍が崩れ、新政府軍が一気に鶴ヶ城下に突入して各所に火を放ったりした。

以降、5千人による約1カ月余りの籠城戦の中で、会津藩の家臣たちは婦女子、子供に至るまで戦い、または自決をするなど、多くの悲劇を生んだ。家老西郷頼母の家族に代表される婦女子の自刃は140家族・239人にのぼり、白虎隊の飯盛山での自刃、中野竹子らの娘子隊の戦いなどがおこり、その他多くの藩士が胸に辞世の句を入れるなどして戦った。

対する新政府軍は32藩の兵3万人ないし4万人からなり、大砲も百門にのぼり、城を包囲し昼夜砲弾を撃ち続けた。

会津藩の切り札、佐川官兵衛（家老で〝鬼官兵衛〟と呼ばれていた）率いる1千人によ

会津戦争で損傷した鶴ヶ城（会津若松市）

戊辰戦役母成峠古戦場の碑（福島県猪苗代町）

佐川官兵衛顕彰碑（福島県会津若松市）

る城外出撃・奮戦も、藩軍の退勢を覆すには至らなかった。

籠城戦の中、必死の抵抗虚しく、松平容保は厳しい選択を迫られることになっていく。

〔トピック1〕白虎隊少年兵たちの自決

慶応4年8月、会津藩の主に数え16〜17歳の子弟で組織された「白虎隊」は、総員343人（成人指揮官を含む）だったと推定される。

彼らは、会津戦争で会津藩軍に従軍したが、戸ノ口原の戦いで決定的打撃を受け敗走。飯盛山に落ち延びた者たち（人数は諸説あり）は、炎に包まれているような鶴ヶ城下を眺めながら、絶望感に陥り、16人が壮絶な自刃を遂げ

白虎隊十九士の墓（飯盛山。会津若松市）

た（ただ、このとき喉を突いた飯沼貞吉は、奇跡的に一命を取り留めている）。

直前には、鶴ヶ城に入って戦う提案もあったが、誤って敵に捕まるなどすれば、藩主や先祖に申し訳ないとのことから、潔く自刃することで一致したといわれる。

自刃者と戦死者3人を加えた白虎隊士19人の遺骸は、戦後、牛ケ墓村の肝煎吉田伊惣治により、近くの妙国寺に仮埋葬された。

〔トピック2〕会津藩降伏と〝涙血氈《きゅうけつせん》〟の逸話

会津藩の松平容保《かたもり》・喜徳《のぶのり》父子は、苦渋の決断を迫られる。9月15日、新政府軍の越後口総督仁和寺宮が錦旗を奉じて、鶴ヶ城下まで15キロの越後街道気多宮《けたのみや》まで進軍してきた。

その頃、土佐藩は米沢藩を介し、会津藩に対して降伏を勧めてきた（列藩同盟の一員だった米沢藩は、9月2日に新政府軍に降伏していた）。会津藩では、交渉の使者として手代木直右衛門と秋月悌次郎を立て、米沢藩へ送って取り次ぎを依頼した。

新政府軍との協議がなり、ついに会津藩は9月22日、籠城一カ月にして、降伏することに決まった。

当日午前10時ごろ、鶴ヶ城の追手門に「降参」と大書きした白旗が上がった。その布さえ満足なものはなく、ようやく見つけた白布を縫い合わせたものだった。

降伏式は正午頃から鶴ヶ城の正面、甲賀通りで行われた。路上に緋毛氈《ひもうせん》が敷かれ、麻裃、無刀の松平容保・喜徳父子は、家老萱野権兵衛を従え、新政府軍軍監中村半次郎（桐野利秋）に降伏謝罪書を提出した。この際、重臣たちは、容保父子への寛大な処置を願う嘆願書を提出したという。

会津藩士たちは、無念の涙を流しながら、降伏式のとき敷かれていた緋毛氈を切り取って分けあい、「泣血氈《きゅうけつせん》」と名づけてこの屈辱を生涯忘れまいと誓い合ったという。このとき、

新政府軍軍監・桐野利秋
（中村半次郎）

会津藩の世子・松平喜徳

降伏に納得できない秋山左衛門ら3人が自刃している。

式のあと、城に戻った松平容保と喜徳《のぶのり》は、城内の戦死者墓に花を供え、生き残った兵たちに別れを告げたあと、謹慎先の妙国寺に送られた。また、24日には鶴ヶ城が新政府軍に接収されて、ここに会津戦争は終わりを告げた。

しかし、会津藩の苦しみは、これだけでは終わらなかった。次に待っていたのは、藩士の拘束や〝挙藩流罪〟という見せしめであった。

なお、明治元年10月、松平容保・喜徳父子と家族は、東京に召喚されることとなり、この月、会津を離れている。

12月になり、天皇より詔書があった。「容保の死一等を宥《ゆる》して首謀者の者を誅し、非常の寛典に処せん」とする内容だった。

その首謀者の数は3人とされた。まず、田中土佐、神

会津藩降伏之図（会津若松市所蔵）

保内蔵助を差し出すことになった。しかし、田中、神保内は自刃していた。あと一人が問題だったが、上席家老の萱野《かやの》権兵衛が責めを負って自刃した。

②　庄内藩、最後まで戦い抜く

庄内藩（藩主酒井忠篤《ただずみ》。17万石格）は、戊辰戦争で最後に降伏した有力藩として、その名が知られている。

もともと、東北における戦いは慶応4年1月の鳥羽伏見の戦いのあと、村山地方にある柴橋代官領の貢米問題に端を発して、4月9日、奥羽鎮撫総督府が庄内討伐令を出し、村山に進軍したことに始まる。

4月24日早朝、沢為量《さわためかず》（公家）の率いる新政府軍が清川口（山形県東田川郡庄内町）を襲撃すると、ここに東北最初の軍事衝突がぼっ発した（「清川口の戦い」。「腹巻岩の戦い」ともいう）。

庄内藩主・酒井忠篤

5月、東北諸藩は会津・庄内両藩に対しての寛大な処置を要求して、「奥羽列藩同盟」を結び、のちに北越諸藩も加わった（「奥羽越列藩同盟」）。

しかし、新政府との交渉が決裂すると、列藩同盟を脱退する藩があい次いだ。庄内藩は、脱退した隣藩に対して激しい攻撃を加え、新庄、八島、本庄、横手を攻略し、秋田城下に迫った。

庄内藩兵は勇猛で知られ、特に庄内藩三番大隊長酒井玄蕃《げんば》（了恒《のりつね》。吉之丞）は、庄内藩主酒井家の分家の出で、敵の新政府軍から〝鬼玄蕃〟と恐れられる存在であった。

ところが、9月2日米沢藩が降伏し、9月22日に会津藩も降伏するなど、列藩同盟諸藩は

沢　為量
（奥羽鎮撫副総督）

酒井玄蕃
（了恒。庄内藩）

各地で敗北した。さすがの庄内藩も孤立し退却、ついに降伏帰順を決定した。翌23日、庄内藩は軍使吉野遊平を遣わし、新政府軍（北越総督府）の参謀黒田了介（清隆。薩摩藩出身）に降伏嘆願書を差し出した。

9月25日、黒田了介は嘆願書を受理し、翌26日新政府軍は庄内藩の鶴ケ岡城下に進攻した。城に入った黒田は、庄内藩主酒井忠篤と会見した。

翌27日、鶴ケ岡城は正式に開城となり、城内の武器弾薬をすべて新政府軍に引き渡した。なお、藩主忠篤は直ちに城を出て、大山街道の禅龍寺に入って謹慎し、その後、東京の芝清光寺で謹慎した。

12月15日、新政府は酒井家の存続を認め、忠篤の弟忠宝《ただみち》が家督を継いだ。その後、岩代国若松（会津若松市）への転封、翌明治2年6月には若松に代えて磐城国平（いわき市）への転封を命ぜられるが、紆余曲折のうえ、献金を条件に庄内復帰が許された。

〔トピック〕東北最初の砲声響く─清川口の戦い─

東北地方で戊辰戦争の最初の砲声が鳴り響いたのは、最上川と立谷沢川《たちやざわがわ》の合流地点、清川村であった（「清川口の戦い」。「腹巻岩の戦い」ともいう）。

清川には庄内藩の関所があり、藩の正規兵と地元農兵４百人の守備隊が布陣していた。

慶応４年４月24日朝、薩長軍と新庄藩兵が、立谷沢川を挟んだ腹巻岩の山上に現れたのを、山菜採りの老婆が発見し、守備隊に急報した。

新政府軍の激しい攻撃に対し、庄内藩は松平甚三郎らの指揮のもと、御殿林を中心に応戦した。

最初は新式銃など火力に勝る新政府軍が優勢だったが、午後には最上川対岸の支藩、松山藩（酒井氏、２万５千石）兵が来援、さらに21キロ離れた鶴ケ岡城下から、応援部隊が駆けつけ、戦況は逆転。

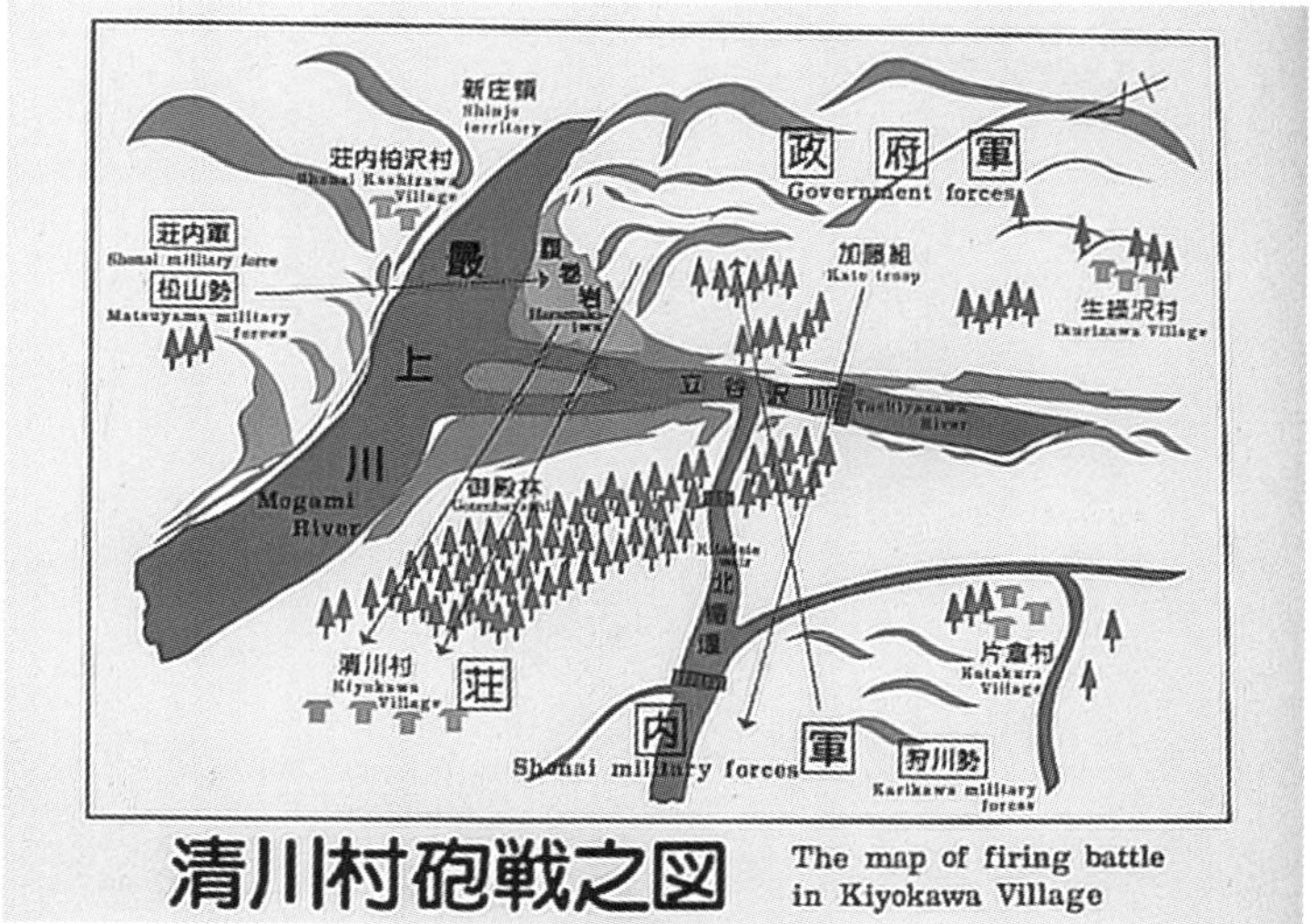

清川村砲戦之図

午後3時頃、庄内藩は腹巻岩の要地を奪還し、新政府軍を撤退した。

この戦いで、庄内藩軍は戦死者13人、負傷者18人を、新政府軍は戦死者12人、負傷者50余人を出したといわれる。

(4)　会津藩に次ぐ死者を出した仙台藩

東北戊辰戦争に際して、東北一の大藩・仙台藩（藩主伊達《だて》慶邦《よしくに》。62万5千石）の立場は、非常に微妙であった。それは、会津藩・庄内藩との関係である。

その頃、会津・庄内両藩は、徹底抗戦の態勢を固めていた。4月10日、両藩は反薩長のための攻守同盟を結ぶのだが、この同盟はその中に米沢・仙台両藩を加え、会庄仙米4藩同盟をつくりあげようとしていた。

一方、仙台藩では、恭順か抗戦かで藩内の議論が沸騰し、意見が統一されなかった。このため、当初はできれば戦うことなしに収束したい、という考えであった。

そうした中、藩主伊達慶邦《よしくに》は、新政府軍が仙台に進駐する前に、とりあえず期限を定め、会津討伐への出陣を命じた。同藩は会津藩との境に6千人もの兵力を配備しながら、戦闘行為を禁じていた。大兵力にものをいわせて、しゃにむに会津降伏の形式をつくりだそうとしたのだ。表面では会津藩を攻める一方、裏では会津藩降伏の仲介工作を進めていた。

これに対し、仙台藩の優柔不断な態度に業を煮やした新政府側は、3月23日、急きょ九条道孝を総督とする奥羽鎮撫軍約8百人を海路、仙台に進駐させ、藩校養賢堂を本拠として、兵力を背景に「会津攻め」を強要してきた。

4月23日、仙台・米沢両藩の呼びかけで、仙米国境刈田郡関宿関宿《せきじゅく》（仙台説もある）に東北各藩の家老らが集まり、会津藩に対し謝罪降伏を勧めることを決

仙台城（青葉城）の大手門脇櫓

め、新政府に謝罪嘆願書を提出して戦争を回避しょうとした。その後の29日には、米沢藩を介して会津藩使節が来て、①開城、②削封、③首謀者の首級提出の3点で、降伏予備折衝が妥結した。

閏4月4日、会津藩は、〝恭順謹慎、降伏謝罪の儀、只管《ひたすら》歎願〟を申出た。これは、仙台・米沢より強力な会庄同盟に仙台・米沢両藩が押されていた証拠だといわれる。

この降伏申出に仙台藩は、休戦の名目が立つとして飛び付いた。同日付けで奥羽の列藩に廻状がまわされた。会津藩が降伏を歎願してきたから、各藩の重役を白石に派遣されたい、というのだ。

これを受けて、奥羽列藩の家老たちは続々と白石に集まった。同月11日、米沢藩主上杉斉憲は大軍を率いて白石へ来て、仙台藩主伊達慶邦と協議した。翌12日、ふたりの藩主は、新政府軍の総督本営のある岩沼で九条道孝総督に会い、この降伏をいれるよう歎願し、会津藩の降伏嘆願書と奥羽列藩27藩老臣連名の嘆願書を提出した。

しかし、九条総督は参謀を憚《はばか》って即答を避ける。このあと白河を転戦中の世良修蔵参謀は断固としてこれを退けた。

このため、事態はもはやはっきりと、〝東北の反乱〟へと進んでいく。

しかし、最前線の白河口から同盟軍は総退却を余儀なくされ、秋田藩、弘前藩、新発田藩などが次々と同盟から離反。8月に入ると相馬口駒ガ嶺の大戦に敗れて、仙台藩自体が重大な局面に立たされた。

9月4日には頼みの米沢藩までが降伏し、仙台藩も11日、ついに降伏と決定した。翌12日、解兵。17日には相馬口総督府から降伏謝罪の願いが聞き届けられた。

18日、仙台藩主伊達慶邦は城外の亀岡に退去し、養継嗣・宗敦（宇和島藩主伊達宗城の次男（5男ともいう）で仙台藩伊達家へ養子入り）も伊達勝三郎邸に謹慎した。10月16日、藩主慶邦父子は東京へ護送となり、芝増上寺の良源院に謹慎した。

その後の12月6日、新政府は伊達家の家名存続を許し、28万石を新たに下賜、仙台藩は再興した。11日、亀三郎宗基（伊達慶邦の4男）が伊達家を相続した。また、明治2年5月19日、重臣の但木土佐（成行）、坂英力（時秀）のふたりが、首謀者として東京で処刑されている。

仙台藩主伊達家の養継嗣・伊達宗敦

なお、仙台藩が各地で敗戦を重ねたのは、軍備の近代化が遅れたばかりでなく、藩軍全体を統率する人材もなく、各部隊が目先の判断で戦ったのが、大きな理由だと言われている。また、この戦争に際して、大藩である仙台藩の藩主・伊達慶邦直属の動員力は7千人なのに対し、上級家臣（地方の領主など）の兵力は、合わせて1万5千人に及んでいた。

この戦いで仙台藩は、1、266人が戦死し、会津藩の2千8百余人に次ぐ多くの死者数を出した。列藩同盟諸藩の中では、激闘の末に落城した二本松藩の338人、長岡藩の309人の約4倍という、悲惨な結果を残したことになる。

仙台藩家老・但木土佐肖像

仙台藩国老坂英力君の碑
（日浄寺。仙台市）

(5) 秋田藩の背信

慶応4年3月、奥羽鎮撫総督九条道孝の率いる新政府軍が、仙台に入った。東北諸藩に新政府への恭順を勧めるためだったが、総督を支える薩摩・長州の意志はそれだけではなく、会津・庄内2藩の問責の方針を決定していた。

これに対し、仙台・米沢両藩が主導して、白石城（宮城県）で東北列藩の会議が開かれた。彼らは、会津・庄内両藩に対し寛典に処することを新政府に請願したが、聞き入れられなかった。

閏4月、再び白石に会した列藩は奥羽列藩同盟を約し、他からの侵略は協力して防ぐことにした。

秋田藩（久保田藩。藩主佐竹義堯《よしたか》20万石）はこの行動に参加、同盟条約にも調印したが、同時にその月の6日、奥羽鎮撫総督より庄内出兵の命を受け、由利地内に出兵していたの

秋田藩主・佐竹義堯

で、秋田藩は両者の板挟みのかたちになった。

列藩同盟が成立したとき、九条総督らは仙台藩の態度に身の危険を感じ、盛岡を経て秋田領に入り、7月、久保田に着いた。ちょうどこの日、仙台藩の使者・志茂又坐衛門もこの地に到着して、同盟の結束を深めようと相談しており、両者の秋田藩への働きかけが激しくなった。

7月3日早朝から、久保田城中で藩の去就を決する会議が開かれたが、勤皇論と守旧派の慎重論が対立し、容易に結論がでなかった。

その夜、家老石塚源一郎邸にいた家老小野岡義礼《よしひろ》を訪れた一団の志士がいた。彼らは、吉川忠安率いる砲術所の浪人たちで、庄内藩討伐の決定とその先陣を要請した。義礼は即夜、

久保田城表門（秋田市）

登城して藩主義堯を説いた。

4日早朝になって、義堯は対立を避け、ついに〝一藩勤王〟の決意を明らかにした。

これに勇躍した志士たちは、藩内の勤皇の志気を鼓舞するためか、夕刻、久保田に在宿する仙台藩士を襲い、志茂又坐衛門ら6人を斬殺し、さらに5人を捕え獄中に投じた。

その間に藩の軍議は進み、6日からは庄内藩討伐に出陣しはじめた。

こうして秋田藩は新政府側に寝返り、列藩同盟諸藩との戦いの渦中に身を投じたのだ。秋田藩の態度決定により、由利の亀田・本庄各藩及び仁賀保、矢島氏も、錦旗を翻した。

その後の戦いは、苦闘の連続だった。8月末までに由利・仙北地方を庄内藩主力の奥羽列藩同盟軍に、北部比内地方を盛岡藩勢に冒され、藩領の3分の2は荒廃したといわれる。

戦いの転機は9月に来た。それまでに1万2千人の官軍の来援があり戦線が強化されたのに比し、列藩同盟軍では仙台・米沢両藩が間もなく降伏。庄内藩・盛岡藩は孤立し、これに乗じて秋田藩は攻撃に転じ、勝利を得ることができた。

ただ、この戦いの代償は大きく、秋田藩は361人という多数の戦死者を出している。

なお、こうして出羽北部が鎮定され、新政府軍は会津藩攻撃に全力を集中できたのだった。

(6) 米沢藩、苦渋の路線転換

米沢藩（藩主上杉斉憲《なりのり》。18万7千石）は、奥羽列藩同盟に加わり、仙台藩とともに一方の盟主として新政府軍に対峙する状況にあった。

閏4月11日、奥羽27藩の家老を招集した白石会議には、藩主斉憲が自ら1、700人の兵を率いて謙信から伝えられた紺地に日の丸の旗を仕立てて乗り込んでいる。

奥羽列藩同盟の成立後、米沢藩は越後諸藩に列藩同盟への参加を呼び掛けた。これに応じて、五月6日、新発田、村上、長岡など6藩が参加し、奥羽越列藩同盟ができあがったのだ。

北越戦線では新政府軍と列藩同盟軍の激しい戦いが起きたが、7月に入ると新政府軍の勢いが急速に増して同盟軍は敗退。新潟は陥落し、守将であった米沢藩家老色部長門《ながと》は戦死した。

米沢藩主・上杉斉憲

その後、8月に入ると列藩同盟軍はなだれをうって東方へ潰走《かいそう》するようになった。この北越戦線で米沢藩は、２７１人の戦死者を出している。

羽越国境・大里峠まで新政府軍に迫られたところで、慶応4年8月、新政府軍の方から思いがけない知らせが届いた。

新政府軍の東山道先鋒総督府の幹部には、土佐藩士の谷千城、片岡健吉らがいたのだが、彼らは連名で米沢藩に恭順を勧める書状を書いた。そして、これを第12代土佐藩主山内豊資《とよすけ》の三女で、米沢藩主斉憲の正室になっていた貞姫を通じて送付したのだ。

これを受けて米沢藩は、8月24日までに藩論をまとめ、28日、使者を総督府に送って恭

米沢城址（米沢市）

順した。

新政府軍が降伏を認める条件は、まず同盟諸藩の降伏を勧誘し、もしこれを諸藩がきかないときは、討伐するということだった。米沢藩はその後は新政府軍のために尽し、庄内藩攻めに兵力を出す一方、会津藩に対してもその非を説き、恭順するよう諭した。

戦後、米沢藩は4万石を減封されて14万7千石となり、藩主斉憲は隠居し、嫡子茂憲《しげのり》が家督を継いだ。

米沢城址・松が岬公園の
上杉謙信公之像

(7)　盛岡藩の反骨

盛岡藩（南部藩。藩主南部利剛《としひさ》。20万石）は、奥羽越列藩同盟に加盟したが、初めから藩論が統一されていたわけではなかった。

一方、奥羽越列藩同盟の成立で身の危険を感じ、仙台を脱出した新政府軍の九条道孝・奥羽鎮撫総督らの一行約1千3百人は、盛岡を目指した。盛岡藩には、家老の東《ひがし》次郎をはじめ、勤皇派の藩士がいたからだった。

慶応4年6月3日、九条総督らが盛岡に到着すると、盛岡藩主南部利剛は礼を尽くして出迎えた。城下の寺院を宿舎に提供し、軍資金として8千両を、同じく八戸藩（藩主南部信順《のぶより》。2万石）も2千両を献金するなど、朝廷に異志がないことを表明した。

しかし、九条総督が盛岡藩に庄内討伐を促したところ、同藩は腰をあげず、結局、総督はこの地で20日余りの滞在したあと、23日、次の拠り所として、秋田を目指して去っていった。

その頃、秋田では、列藩同盟の盟約を守るべきか否かで、藩論が二部分されていたが、やがて列藩同盟反対に藩論が確定した。その動きを察知した仙台藩では、使者を派遣して盟約を守らせようとしたが、その使者を秋田藩士が斬ってしまった。

このとき、たまたま同じ宿舎にいて九条総督に随行していた盛岡藩士が、誤って斬られて

盛岡藩主・南部利剛

いる。このことが、盛岡藩の藩論に微妙に影響することになる。秋田藩の離脱は許せるが、何も盛岡藩士を斬ることはないのではないか、というのだ。

列藩同盟結成からすでに2カ月を経たが、藩論の帰趨はいまだわからなかった。しかし、7月16日、京都から家老楢山《ならやま》佐渡《さど》が帰国してくると、情勢は大きく変化する。

藩主・南部利剛の従兄弟に当たる楢山は、京都警護を命じられた藩主の名代として、2月から京都に上っていた。藩重臣の中では、佐渡が最も中央情勢に通じていると思われていたのだ。また、彼は帰国途中、仙台で列藩同盟の首謀者・但木土佐とも会談していた。

その楢山が首脳会議を招集し、居並ぶ重臣

盛岡城址（盛岡市）

たちを前に反論を退け、決然と列藩同盟結束・秋田藩討伐を説いたことで、藩論は固まった。

7月27日、藩主の見送りを受けて楢山佐渡と向井蔵人《くらうど》を総大将とした総勢2千人余の盛岡藩軍が秋田藩へ向けて出陣した。目的地は鹿角《かづの》(現秋田県)だった。

楢山佐渡像
(盛岡市先人記念館蔵)

この頃、秋田藩では、総督の命で庄内藩討伐に多くの兵力を割いており、守備は手薄だった。盛岡軍は秋田藩領を進撃し、8月22日には要衝・大館城を落とし、さらには米代川沿いに進んだ。

秋田藩は庄内藩に攻め込まれ、背後からは盛岡藩に攻められたことになる。秋田城陥落は、目前にあるように見えた。

しかし、7月下旬から8月中旬にかけて、新政府軍の増援部隊が船で続々上陸し、秋田戦線に投入される。薩長筑肥因州など、応援の新政府軍は8千9百人に及んだ。

近代兵器を有する新政府軍に対し、しだいに盛岡藩軍は劣勢になっていった。こうした中、米沢藩が8月28日に、仙台藩がその翌日に、相次いで新政府軍に対し非公式に帰順を申し出た。

9月に入り、盛岡軍は大館を放棄し、十二所を撤退した。9月15日、会津藩が新政府軍の板垣退助参謀に降伏を申し出た。

これらのことを知って、さすがの盛岡藩も21日、秋田藩を通じてついに降伏を申し出た。25日、盛岡藩軍は降伏した。

その後、藩主南部利剛父子は東京に召喚され、楢山佐渡も戦争首謀者として捕えられ、東京に護送された。

(8) 弘前藩、遅れた恭順のツケ

弘前藩（20万石）の藩主津軽承昭《つぐあきら》は、公家の近衛《このえ》忠熙《ただひろ》の六女・尹子《ただこ》を正室としていた。このことが、のちの藩の行く末に、大きな影響を及ぼすことになる。

承昭は熊本藩主の細川家から津軽家に養子入りした人物で、近衛・津軽・細川の三家は親しい関係にあった。特に、津軽家と近衛家の関係は、戦国末期に始まるといわれるほど、古いものであった。

弘前藩は、はじめ旗色を鮮明にしないで、情勢の推移をみながら、その間に武備の充実を図るという方針だった。

慶応4年4月~5月の間、新政府軍の命により、庄内征討のため540人余を出陣させた。しかし、東北諸藩の感情を無視した総督府の高圧的な方針は、これら諸藩を敵にまわす結果となる。

5月、白石で仙台・米沢藩主を盟主に、前述したように奥羽列藩同盟が結成された(のち越後6藩も加入)。

6月、弘前藩では、藩の方針を決定するため、弘前城中で論議をしたが、当初は、列藩同盟尊重の主張が支配的だった。

しかし、翌7月、京都詰めの用人・西舘平馬(狐清。建久)が朝廷からの令書と近衛家の

弘前藩主・津軽承昭

書状を携え帰藩してくる。西舘の情報で、事態が想像以上に切迫していると気づいた弘前藩は、ようやく新政府に従う意思を固め、秋田藩に続いて列藩同盟から脱退した。

7月には新政府の命で庄内征討に参加。矢島奪回戦で10人戦死、11人負傷という犠牲を出している。

9月、弘前藩兵約180人が、南部藩兵主力の野辺地馬門口《のへじまかど》を襲撃する事件を起こす（「野辺地戦争」）が、作戦のまずさから盛岡藩兵に待ち伏せされ、49人の戦死者を出して退却した。

10月から翌明治2年5月にかけて、榎本武揚をリーダーとする旧幕府脱走軍（以下「榎本軍」という）が、箱館の五稜郭を拠点にし

弘前城天守（弘前市）

て新政府軍に対抗する（「箱館戦争」）。

　これに対し、新政府は榎本軍討伐のため、青森に諸藩の兵を集め、翌明治2年4月から、総反撃に移る。

　このときのトップは、清水谷公考《きんなる》箱館府知事（公家）が兼ねていた。新政府軍の兵力は総数1万2千人余のぼるが、弘前藩は、これら諸藩の兵の青森滞在中の食料・物資の手配など、多方面の世話を担当した。

　いわば、新政府の「兵站部《へいたん》」を一手に預かったのである。弘前藩の家老・杉山上総《かずさ》も、「時には参謀で、時には問屋のようだ」とぼやき、青森の廻船問屋・瀧屋（井東善五郎家）の彦太郎も、「青森は総つぶれになる」と心配したという（本田伸『弘前藩』）。これは藩

西舘平馬（狐清）**の墓**（東京都江東区・長寿寺）

にとって、大変な財政負担として残った。

それも一時的とはいえ、列藩同盟に参加し反政府側に立ったことを苦慮したからで、名誉回復のためであった。

明治2年（1869）5月18日、榎本武揚ら旧幕府脱走軍がついに降伏し、箱館戦争が終結したが、それまでの間、弘前藩兵は、特に矢不来《やぶらい》・弁天岬台場の攻撃などに参加し、戦死9人、負傷28人という大きな犠牲を払っている。

〔トピック1〕「野辺地戦争」ぼっ発

明治元年9月、弘前藩は「野辺地戦争」を引き起こしている。

この月20日には、奥羽越列藩同盟の盛岡藩は新政府側に降伏し、秋田藩に仲介を依頼して、22日にはそれが新政府に受け入れられていた。

だが、弘前藩は同日、弘前・黒石藩連合軍6小隊・180人に命じて盛岡藩の重要拠点・野辺地馬門《まかど》口に侵攻し、翌23日未明より攻撃を開始した。

しかし、敵陣に向けて放った火に逆にあおられて田地で動きが取れなくなり、盛岡・八戸藩連合軍に銃撃されて49人の戦死者を出した。これは、戊辰戦争で弘前藩が一度の戦闘で出した戦死者としては、最大である。

交戦は1日で終了したのだが、このとき活躍したのは、八戸勢の鉄砲隊・猟師たちであったという。

この一見無意味とも思える戦争は、弘前藩にとって新政府軍・総督府の信頼を回復し、忠誠心を見せる最後の機会だったのだ。

結局、この戦争は新政府から「両藩の私闘」として扱われてしまい、それ以上の処分はなかった。

〔トピック2〕ハーマン号沈没事件起きる

青森口総督清水谷公考（箱館府知事）をトップとした新政府軍は、「明治2年春の箱館

野辺地戦争戦死者墓所（青森県上北郡野辺地町）

征討開始」を想定し、戦いの準備を進めていた。

　しかし、その矢先の明治2年1月3日深夜、彼らの出鼻を挫くような衝撃的な事件――「ハーマン号沈没事件」が起きた。

　弘前藩主津軽承昭は、熊本藩主細川家から津軽家に婿養子入りしていた人物だった。実兄の熊本藩主細川韶邦《よしくに》は、箱館戦争開戦を控え、苦しい立場に置かれた弟承昭の要請に応え、援軍を派遣することにした。

　そこで1月2日、江戸藩邸にいた寺尾九郎右衛門を筆頭に、熊本藩兵1大隊350人を、横浜で借りた米国蒸気外輪船「ハーマン号」に乗せて品川を出航させた。

　しかし、この船が翌3日未明、房総半島勝

官軍塚沖に眠るアメリカ蒸気外輪船ハーマン号（千葉県勝浦市川津沖）

浦沖（千葉県）で暴風雨に遭い、座礁・沈没してしまった。このため乗組員たちは荒波の中に投げ出され、地元住民の必死の救助活動にもかかわらず、熊本藩士約210人、米国人乗組員20人が犠牲となった（注・千葉県勝浦市の官軍塚には、この事件の犠牲となった熊本藩兵たちが祀られている）。

なお、この事件にもめげず、熊本藩は3月、藩兵154人を青森へ派遣している。

(9) 主な東北諸藩の戦死者（概数）

東北戊辰戦争における主要各藩の戦死者数は、正確にはわからないが、諸情報を総合すると、ほぼ次のように推定される。

〈主要各藩〉

弘前藩　36人

秋田藩　361人（461人ともいわれる）

盛岡藩　112人

庄内藩　322人

米沢藩　　１８３人
仙台藩　１、２６０人
会津藩　２、８４７人（約３千人。自刃した婦女子は２３３人にのぼるともいわれる）
〈その他諸藩〉
一関藩79人、福島藩11人、二本松藩３３４人、三春藩13人、磐城平藩48人、棚倉藩52人、泉藩３人、亀田藩15人、本荘藩13人、秋田新田藩６人、松山藩８人、矢島藩１人、新庄藩58人、天童藩14人、山形藩19人、上山藩６人、長岡藩３０９人、新発田藩48人、村松藩１人、高田藩70人余か？

こうして見ると、戦死者数は会津藩、仙台藩の戦死者の数が、抜きんでて多く、秋田藩、二本松藩、庄内藩、長岡藩が、これに次いで多い戦死者数を出している。また、これらの諸藩は、その外にも多くの負傷者を出している。

⑽〝賊軍〟の埋葬と招魂社

東北戊辰戦争で維新の陰で斃れていった「賊軍」の数千人もの霊については、これを招魂社に合祀することは禁じられた。

新政府は明治2年、維新の犠牲者を弔うために招魂社を創建し、同12年、「靖国神社」と改称した。しかし、賊の汚名を着せられた東北諸藩の犠牲者を、神として祀ることを許さなかったのだ。

これらの犠牲者は、東京の靖国神社はもちろんのこと、地方の招魂社(のちの「護国神社」)にも祀られることはなかった。

東北戊辰戦争が終わってからの明治9年、明治天皇は初めて東北地方を巡幸した。このとき各地で、官軍(新政府軍)の墓には勅使を派遣して参拝させているが、賊軍の墓には勅使を出さなかった。明治維新も、官と賊というなかで、仇敵意識が絡みついていたこと

戊辰之役戦死者の墓
(秋田県横手市の龍昌院。庄内藩軍がこの墓地を造った。
現在の墓は明治元年改装後のもの)

がわかる。

ただ庄内藩、すなわち賊軍が、敵対した官軍の戦死者を弔ったという、意外な秘話が伝わっている。

庄内藩が新政府軍と秋田藩軍を追撃して、横手城を攻略した際のことだ。当時、庄内藩の指揮は松平甚三郎と酒井吉之亟で、受け手の横手の将は、秋田藩の家老・戸村十太夫の子の大学（20歳）だった。

父・十太夫は秋田にいて不在で、若手の大学が城を守っていたもので、当時、城兵はごく少数であった。

庄内藩側は、相手陣営に対し、流血を避け降伏するよう勧告したが、彼らはこれを退け、大軍を迎えた。このため、戦いが始まったが、わずか1日で落城してしまった。

翌日、庄内藩軍は城のまわりに横たわる死体を集め、龍昌院に運んで葬り、僧を呼んで読経、供養し、「佐竹家名臣戸村氏忠士墓」と書いた標柱を建てて立ち去ったというのである（前出尾崎竹四郎『東北の明治維新』）。

⑾ 東北戊辰戦争後の処分・恩賞による主要各藩の石高変化

東北戊辰戦争後、新政府による処分として、東北各藩に対し石高の削減などの厳しい処置がとられた。

ここで、この処分による主要各藩の石高の変化を、わかりやすく矢印（↓）で示すと、次のとおりである。

いかに厳しい処分だったかが、一目でわかる。

会津藩　28万石↓減藩↓斗南藩立藩3万石
仙台藩　62万5千石↓28万石
盛岡藩　20万石↓13万石
米沢藩　18万7千石↓14万7千石
庄内藩　17万石格↓12万石
秋田藩　20万石　賞典禄2万石授禄
弘前藩　20万石　賞典禄1万石授禄

（注）会津藩は、後述するように、減藩後、明治2年11月に至り、「斗南藩」という新たな藩の立

藩が認められた。

なお、大藩・仙台藩の石高がほぼ半減し、後述するように、本藩の藩主・直臣よりも、陪臣たる各領主（主に数千石ないし1～2万石ほどの石高だった）とその家臣たちに、大きくしわ寄せされた。

つまり、同藩の各領主と家臣たちが、直ちに露頭に迷いかねないような事態が生じ、このことが後述するように、彼らの北海道移住に大きく影響した。

⑿　その他の東北諸藩の処分・恩賞による石高変化

ここでは、前記⑾にあげた主要各藩以外の、多くの東北各藩の処分による石高変化について、列記しておく。

盛岡新田藩　1万1千石→1万石
八戸藩　2万石　石高不変
一関藩　3万石→2万7千石
黒石藩　1万石　賞典金1千両下賜

福島藩　3万石↓2万8千石
下手渡藩　1万石　石高不変
相馬中村藩　6万石　1万両を献納し所領安堵
二本松藩　10万700石↓5万石
守山藩　2万石　賞典金1千両下賜
三春藩　5万石　石高不変
磐城平藩　4万石　7万両を献納し所領安堵
湯長谷藩　1万5千石↓1万4千石
棚倉藩　10万石↓6万石
泉藩　2万石↓1万8千石
亀田藩　2万石↓1万8千石
本荘藩　2万石　賞典禄1万石授禄
秋田新田藩　2万石　賞典金2千両下賜
松山藩　2万5千石↓2万2千5百石
矢島藩　8千石　賞典禄千石授禄

新庄藩　6万8千2百石　賞典禄1万5千石授禄
天童藩　2万石→1万8千石
山形藩　5万石のまま転封（近江朝日山藩立藩）
上山藩　3万石→2万7千石
長瀞藩　1万1千石　石高不変
米沢新田藩　1万石　石高不変
長岡藩　7万4千石→2万4千石
新発田藩　10万石　石高不変
村上藩　5万石　藩主内藤信民が戦中に自殺。鳥居三十郎が死罪に。石高不変
村松藩　3万石　石高不変
三根山藩　1万1千石→1万5百石
黒川藩　1万石　石高不変
高田藩　15万石　石高不変
与板藩　2万石　賞典金2千両
椎谷藩　2万石　賞典金2千両

戊辰戦争当時の「奥羽越諸藩」の分布略図

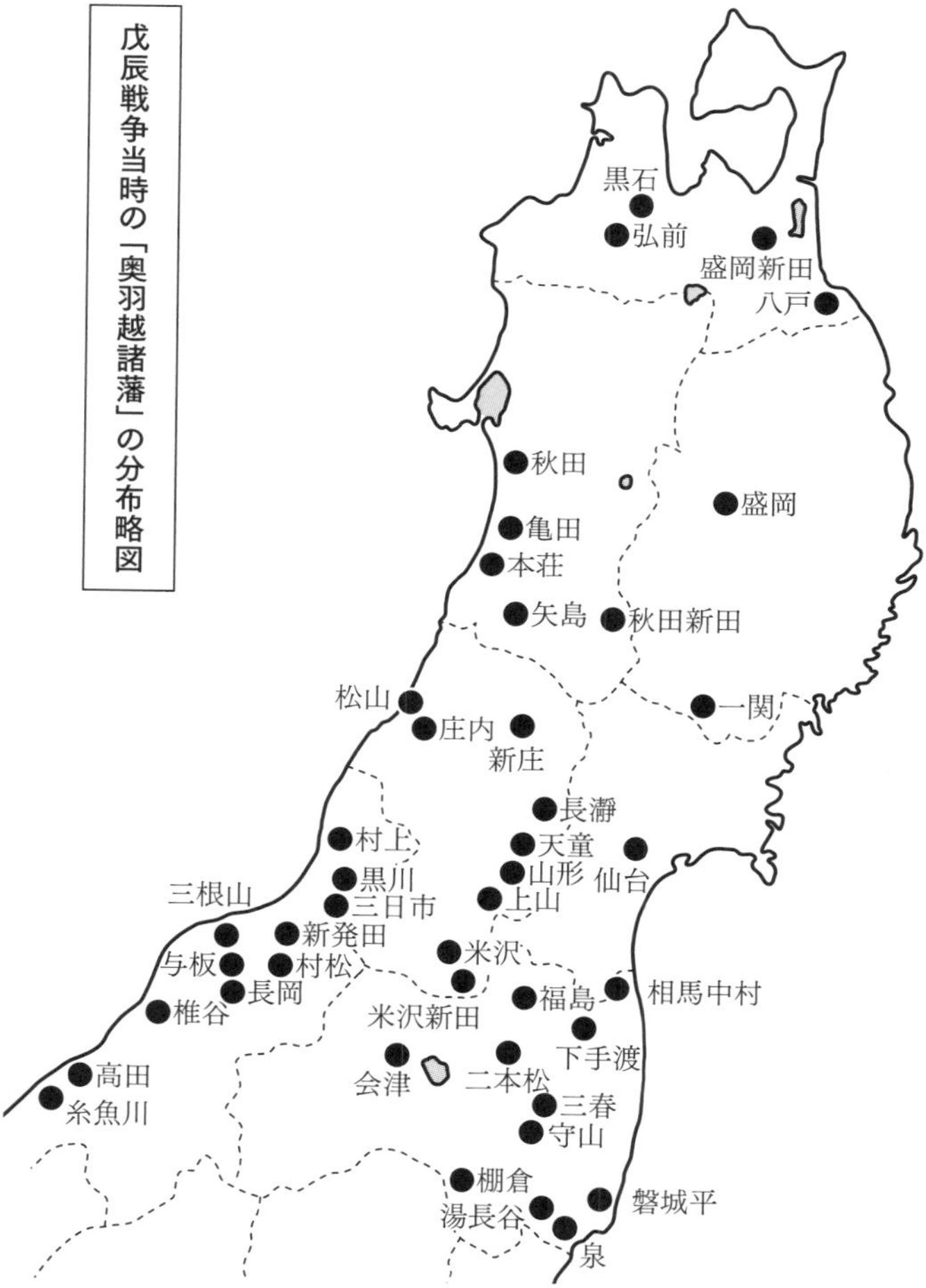

糸魚川藩　　1万石　　石高不変

⒀　その他の東北・越後諸藩は、危機をどのように乗り切ってきたか？

ここまでに、東北の会津藩・仙台藩など主要各藩が、東北戊辰戦争にどう対応したかを詳しく見てきたが、その他の多くの東北諸藩についても、簡単に見ておくこととしたい（石高変化部分については、重複）。

①　陸　奥

盛岡新田藩（青森県上北郡七戸町。藩主南部信民《のぶたみ》。1万1千石）

本藩（盛岡藩）の方針に従い、奥羽越列藩同盟に参加したが、慶応4年10月11日、新政府へ謝罪書を提出。のち藩主・南部信民は1千石減封のうえ隠居を命じられ、養子信方《のぶかた》が家督を継いだ。

八戸藩《はちのへ》（青森県八戸市。藩主南部信順《のぶゆき》。2万石）

盛岡藩とともに列藩同盟に加わる。明治元年9月、苫米地又兵衛を隊長とする250人が、新政府軍に帰順した弘前藩兵と戦った（野辺地戦争）が、藩主信順が薩摩藩8代藩主島津重《しげ》豪《ひで》の8男から養子入りしている関係もあってか、この戦いは私闘とされ、減封処分及び藩主への処分を免れている。

一関藩《いちのせき》（岩手県一関市。藩主田村邦栄《くによし》。3万石）

仙台藩に従い列藩同盟に参加したが、戊辰戦争で戦死者79人を出して降伏した。戦後、3千石を減封されて2万7千石となる。藩主田村邦栄は隠居謹慎。家督は養子（藩主の実弟）崇顕《たかあき》が継いだ。

黒石藩（青森県黒石市。藩主津軽承叙《つぐみち》。1万石）

本藩（弘前藩）に従い新政府に帰順する。明治元年9月、本藩の兵とともに野辺地で盛岡藩兵と交戦（野辺地戦争）。翌明治2年4月、153人の兵を箱館戦争に進発させた。のち藩主承叙は、この軍功により賞典金1千両を与えられた。

福島藩（福島県福島市。藩主板倉勝己《かつみ》（勝尚《かつひさ》）3万石）

列藩同盟に参加。新政府軍下参謀・世良修蔵暗殺には、福島藩士も加わった。

八戸城址（青森県八戸市）

一ノ関城址（岩手県一関市）

福島城址（福島市。現在は福島県庁）

相馬中村城址（福島県相馬市）

この戦争で戦死者11人を出す。降伏後、2千石を減封され2万8千石。藩主勝己は隠居謹慎。養子勝達《かつみち》が家督を継いだ。

下手渡藩《しもてど》（福島県伊達市。藩主立花種恭《たねゆき》。1万石）

藩主立花種恭は若年寄から老中格会計総裁に昇進、慶応4年1月辞職。白石会議のときは上京中であった。

留守を預かる藩士たちは、屋山外記継篤を派遣して列藩同盟に加わったが、藩主種恭が奥羽鎮撫の沙汰書を受けたため、16人で守備中の藩庁は仙台藩兵に焼かれた。

このため、9月に藩庁を筑後三池へ移した。のち、種恭に賞典金1千両が与えられた。

相馬中村藩（福島県相馬市。藩主相馬誠胤《ともたね》。6万石）

列藩同盟に加盟し、仙台藩や米沢藩と連携して新政府軍と戦った（磐城の戦い）が、のち謝罪し帰順する。

藩主誠胤は一時謹慎。新政府に所領安堵を謝して金1万両を献金した。

二本松藩（福島県二本松市。藩主丹羽長国。10万700石）

列藩同盟に参加。二本松少年隊の奮戦もあったが、明治元年9月、334人の戦死者を出して降伏。戦死者数は会津・仙台・秋田各藩に次いで多かった。

二本松城（霞ケ城。白旗城。福島県二本松市）

三春城址（本丸付近。福島県三春町）

戦後、実高5万石に減封され、藩主長国は隠居謹慎。養子長裕《ながひろ》に家督が許された。

守山藩（福島県郡山市。藩主松平頼升《まつだいらよしのり》。2万石）

列藩同盟に参加したが、三春藩に続いて新政府に帰順する。のち頼升は賞典金1千両を与えられた。

三春藩（福島県田村郡三春町。藩主秋田映季《あきすえ》。5万石）

列藩同盟に参加したが、秋田主税季春（静臥《せいが》）、熊田嘉善（淑軒《しゅくけん》）の主導により、脱退する。この戦争に参加した兵員数は250人、うち13人が戦死した。のち降伏し所領も安堵されるが、郷士河野広中らの斡旋努力もあったといわれる。

磐城平藩（福島県いわき市。藩主安藤信勇《のぶたけ》。4万石）

列藩同盟に参加。48人の戦死者を出し降伏した。一時、磐井郡内に転封を命ぜられたが、7万両を献納し所領を安堵された。

国元で指揮をとった前々藩主安藤信正は永蟄居。

湯長谷《ゆながや》藩（福島県いわき市。藩主内藤政養《まさやす》。1万5千石）

列藩同盟に参加したため、1千石を減封され1万4千石。藩主政養は隠居謹慎。養子政憲《まさのり》が家督を継いだ。

棚倉藩（福島県東白川郡棚倉町。藩主阿部正静《まさきよ》。10万石）

列藩同盟に参加。東北戊辰戦争では52人の戦死者を出して降伏。正静は隠居・謹慎。6万石に減封され、叔父正功《まさこと》に家名存続が許された。

泉藩（福島県いわき市。藩主本多忠紀《ただとし》。2万石）

藩主本多忠紀は2度、若年寄に就任している。郡奉行松井平馬秀簡《ひでふみ》は勤皇を主張したが、藩当局は近隣諸藩の動向に抗しえず、列藩同盟に参加する。

このため、松井は自害。この戦争での戦死者3人を出した。戦後、2千石を減俸され1万8千石。藩主忠紀は隠居謹慎。養子忠伸《ただのぶ》が家督を継いだ。

棚倉城址（亀ヶ城公園。福島県棚倉町）

②　出　羽

亀田藩（秋田県由利本荘市。藩主岩城隆邦。2万石）

列藩同盟に参加したが、秋田藩とともに脱退。だが、再び同盟軍に参加。5人の戦死者を出し、2千石を減封され1万8千石。養子隆彰が家督を継いだ。

本荘藩（秋田県由利本荘市。藩主六郷政《まさ》鑑《あきら》。2万石）

列藩同盟に参加したが、秋田藩に従い脱退する。同盟軍の攻撃を受け、自ら城に火を放った。この戦争で13人が戦死している。

のち政鑑に賞典録1万石が下賜された。

秋田新田藩（岩崎藩。秋田県湯沢市岩崎。藩主佐竹義諶《よしつま》。2万石）

本荘城址（舞鶴城。秋田県由利本荘市）

本藩（秋田藩）の動きに従って戦い、6人の戦死者を出した。戦後、養子義理《よしただ》に賞典金2千両が与えられた。

松山藩（出羽松山藩。山形県酒田市。藩主酒井忠良《ただよし》。2万5千石）

本藩（庄内藩）の動きに従って戦い、8人の戦死者を出した。戦後、忠良は隠居を命じられ、松山藩は2千5百石を減封された。家督は三男忠匡《ただまさ》が継いだ。

矢島藩（秋田県由利本荘市矢島町。藩主生駒親敬《ちかゆき》。8千石）

初め列藩同盟に参加したが、のち家中を勤皇論に統一し新政府軍に組した。これにより庄内藩から攻撃を受け、親敬は陣屋を自焼して撤退する。以後、新政府軍とともに東北鎮撫につとめた。

戦後の高直しで生駒氏は1万5千2百石の諸侯に列した（領地の加増はなし）。章典録千石を下賜されている。

新庄藩（山形県新庄市。藩主戸沢正実《まさざね》。6万8千2百石）

列藩同盟に参加したが、秋田藩に従い脱退。同盟軍に攻撃され落城。戦死者58人を出した。戦後、章典録1万5千石を下賜された。

松山城址（松山陣屋。山形県酒田市）

新庄城址（最上公園。山形県新庄市）

天童藩（山形県天童市。藩主織田信敏。2万石）

新政府から奥羽鎮撫使先導役を命じられ、重臣・吉田大八が奥羽鎮撫副総督・沢為量を先導して庄内藩と戦ったが、大敗を喫した。

翌年、列藩同盟が結成されると参加せざるを得なくなり、吉田は切腹した。しかし、やがて新政府軍の反攻に遭い藩は降伏。藩主信敏は隠居謹慎を命じられ、家禄も2千石減封となった。家督は弟・寿重丸《すえまる》が継いだ。

山形藩（山形県山形市。藩主水野忠弘。5万石）

列藩同盟に参加し、19人の戦死者を出した。戦後、筆頭家老水野元宣が責任をとって処刑されたが、藩主忠弘は13歳と幼く、また同盟参加当時は隠居していた父忠精とともに上洛しており、父とともに謹慎に処されたのみ。

山形城址（山形市）

明治3年（1870）、近江の朝日山（滋賀県長浜市）へ石高5万石のまま転封を命じられた。

上山藩《かみのやま》（山形県上山市。藩主松平（藤井）信庸《のぶつね》。3万石）

列藩同盟に参加したが、のち降伏。戦死者は6人。3千石減封の2万7千石となった。なお、信庸は隠居を命じられ、家督は弟信安が継いだ。

長瀞藩《ながとろ》（山形県東根市（旧村山郡）。米津政敏《よねづまさとし》。1万1千石）

所領は5カ国に散在。列藩同盟に参加したが、のち恭順。

上山城址（月岡城。山形県上山市）

米沢新田藩（山形県米沢市。藩主上杉勝道。1万石）

特定の領地・城を持たず、藩主屋敷は本藩の米沢城二の丸にあった。列藩同盟に参加したが、戦後、なんの処分も受けなかった。

③ 越　後（関係分）

長岡藩（新潟県長岡市。藩主牧野忠訓《ただくに》。7万4千石）

家老・軍事総督の河井継之助は中立和平を唱え、新政府軍の軍監・岩村精一郎（高俊）と談判（小千谷会談）したが決裂し、列藩同盟にも参加、「北越戦争」と呼ばれる新政府軍との激戦に突入した。

しかし、長岡城が落城、戦死者は309人

長岡城址（本丸跡。新潟県長岡市）

に及び（有力な説）会津・仙台・秋田・二本松・庄内各藩に次いで多かった。藩主、河井らは会津へ逃れるが、河井は傷がもとで死亡、忠訓もまもなく降伏した。

戦後、藩主忠訓は謹慎処分となり、藩の禄高は2万4千石に減封。家督は父忠恭の四男・忠毅が継ぐことになった。

新発田藩（新潟県新発田市。藩主溝口直正。10万石）

周辺諸藩の圧力もあり、やむなく列藩同盟に参加したが、領内に新政府軍が進攻してくると一転して同盟を離脱し、新政府軍として行動した。

会津に1、695人を出兵させ、48人の戦死者を出したという。

新発田城址（新潟県新発田市）

村上藩（新潟県村上市。藩主内藤信民。5万石）

列藩同盟に参加し新政府軍と交戦、12人の戦死者を出したが、のち恭順し、新政府軍として行動した。

藩主信民は戦時中に自殺しており、その死から1カ月後、村上城は新政府軍により落城した。抗戦派家老の鳥井三十郎は、同盟参加の責任者として斬首された。

なお、家督は養継嗣内藤信美が継いでいる。

村松藩（新潟県五泉市。藩主堀直賀《なおよし》。3万石）

列藩同盟に参加。16人の戦死者を出し降伏。堀右衛門三郎、斎藤久七は斬罪。藩主直賀は隠居謹慎。藩主の弟直弘への襲封は認められた。

三根山藩（新潟県新潟市。藩主牧野忠泰《ただひろ》。1

村松城址（村松陣屋。新潟県五泉市）

万1千石）

初め長岡に派兵、長岡城が落城すると、一時、庄内藩と行動を共にしたが、まもなく新政府軍に謝罪、帰順。庄内藩攻撃に参加したりしたため、5百石の軽微な減封にとどまった。本家長岡藩に連座する形で伊那へ転封命令が出たが、懇願により撤回された。

黒川藩（新潟県胎内市。藩主柳沢光昭《みつてる》。1万石）

会津藩の申し入れで、列藩同盟に家臣を送ったが、終始消極的な立場に留まる。のち養継嗣・柳沢光邦が家督を継いだ。

高田藩（新潟県上越市。藩主榊原政敬《まさたか》。15万石）

当初、態度を曖昧にしていたが、新政府軍が迫ると恭順の姿勢をとった。その後、長岡・会津各藩追討の先鋒を命じられ、東北各地を

高田城址（新潟県上越市）

転戦した。恭順を拒む藩士は脱藩して神木隊を組織し、のちに彰義隊に合流した。
戦後は降伏した会津藩士1、742人の御預かりを命じられている。御預中に死亡した会津藩士の墓地は「会津墓地」と呼ばれて現存している。

三日市藩（新潟県新発田市上館。藩主柳沢徳忠《のりただ》。1万石）
戊辰戦争では、新発田藩と行動を共にし、新政府軍側についた。このため戦後の減封などの処罰は受けなかった。

与板藩（新潟県長岡市与板。藩主井伊直安。2万石）
新政府軍の前進拠点の役割を果たす形になり、戦死者5人、負傷者20人を出した。戦後、賞典金2千両を下賜された。

椎谷《しいや》藩（新潟県柏崎市椎谷。藩主堀之美《ゆきよし》。1万石）
新政府軍の先鋒として、越後口に96人の兵を出し、賞典金2千両を下賜された。

糸魚川藩（藩主松平直静《なおやす》。1万石）
新政府軍に恭順したが、小藩のため兵は出さず、軍事物資の支援・その運搬に協力した。

2　会津藩処分、斗南藩立藩と会津降伏人等の北海道移住

(1)　会津藩の処分

会津藩の松平容保は、戦犯として死刑に処せられるところ、12月、恩赦で死を免れた。代わりに新政府の要求により、反逆の首謀者として、翌明治2年1月、三人の重臣―田中土佐・神保内蔵助、萱野権兵衛《かやのごんべえ》の名が届けられた。うち田中、神保はすでに自刃しており、萱野権兵衛ただひとりが罪を一身に背負うことになった。

5月18日、萱野は自刃し、その首級は新政府に提出された。その直前、容保と照姫から届けられた親書に、萱野は落涙したという。

松平容保・喜徳父子は、他藩永預・謹慎。会津藩の領地28万石は没収（減藩）となった。問題は、会津藩士を含めた領民に対する処置である。

『会津戊辰戦史』によれば、一時、会津にとどまる者があり（210戸）、あるいは農商に帰する者もあり（5百戸）、あるいは東京、または各地に赴きて生活を求める者もあり（3百余戸）という主旨の記述がある。

萱野権兵衛

萱野国老殉節碑
（会津若松市・鶴ヶ城）

これから推測すると、約5千人程度は会津藩から脱藩し、後述する斗南藩士にはならず、平民になる道を選んだようだ。

残る2千8百戸、約1万7千余人が、陸奥の斗南藩に未来を託して移住したと思われる。

(2) 会津藩士らの幽閉と〝流刑地〟への移送・謹慎

ア　城内籠城・降伏組（3、200余人）

猪苗代→信州松代→途中変更→東京へ移送

鶴ヶ城落城後の明治元年9月23日、籠城者たちのうち、藩士たち3千2百余人は謹慎地である猪苗代（福島県耶麻郡猪苗代町）へ護送された。

60歳以上14歳以下の男子と婦女子は赦されたものの、住む家もなく、北方の喜多方（喜多方市）や塩川（耶麻郡塩川町。現喜多方市）の村に分宿することになった。

猪苗代謹慎組3千2百余人は、さらに信州松代藩（長野市松代町。藩主真田幸民《ゆきとも》。10万石）に幽閉されることが決まった。

松代行きは、明治2年1月7日から小倉藩や加賀藩の護衛により順次、出発となった。しかし、途中、宇都宮に到着すると、行先が突然、変更された。

猪苗代城址（亀ケ城大手口。福島県猪苗代町）

松代藩では、このような大人数は、とても引き受けられない、というのだ。そこで、急きょ、行先は東京に変更されることになった。

東京では、飯田町の元火消し屋敷、神田小川町講武所、神田橋門外騎兵屋敷、護国寺、増上寺ほかに分散された。また、傷病者は遅れて5月から6月にかけて、収容先の増上寺に到着した。

（注）後述するが、明治2年9月、兵部省は主にこの中から2百戸を募り、家族共々7百余人を北海道へ送り出すのだ（いわゆる〝会津降伏人〟）。

イ　城外戦闘・降伏組（1、740余人）

塩川→越後高田に移送

戦後、鶴ヶ城外で終戦を迎えた会津藩士たち、1、740余人は、塩川に送られ、謹慎となった。

その後、越後高田藩（新潟県上越市。藩主榊原政敬。15万石）に幽閉されることが決まった。高田藩は譜代大名だったが、北上する新政府軍の通り道に当たり、新政府軍に協力する道を選んでその先鋒をつとめたりしていた。

このため会津藩士らは、明治2年1月17日から27日にかけ6隊に分かれて高田に到着。寺町の55カ寺に幽閉された。このとき、善導寺に高田藩が監視するための会議所が置かれ、来迎寺には病院が設けられた。

彼らは斗南藩に引き渡される明治3年6月まで、高田で過ごしたが、待遇が行き届かず、1年半の間に67～68人の死者が出ている。

亡くなった人たちは、金谷山麓北東部の通称「会津墓地」に葬られた。

なお、幽閉を解かれた会津藩士の中には、そのまま高田にとどまった者もおり、会津墓地にはこれらの人たちに関係すると思われる墓30余基も存在しているという。

また、金谷山麓南東部には、新政府軍の戦死者を葬る通称「官軍墓地」もある。

上越市の金谷山麓にある通称「会津墓地」

ウ　一部を北海道へ送り出す
―〝会津降伏人〟の余市移住―

幕府の蝦夷地（北海道）支配時代の安政6年（1859）から、会津藩は東蝦夷、紋別から知床、野付半島までを与えられ、対ロシア警備と開拓を行なっていた。

京都守護職時代、公用人として活躍し、会薩同盟の立役者だった秋月悌次郎が、藩士の中傷により左遷され、蝦夷の代官としてこの地に勤務したこともあった。東北の主要藩も、蝦夷地に領地を得ていたが、戊辰戦争が始まり、その後は蝦夷地の警備・開拓に空白が生じていた。

明治2年9月、兵部省は幽閉中の会津藩士、

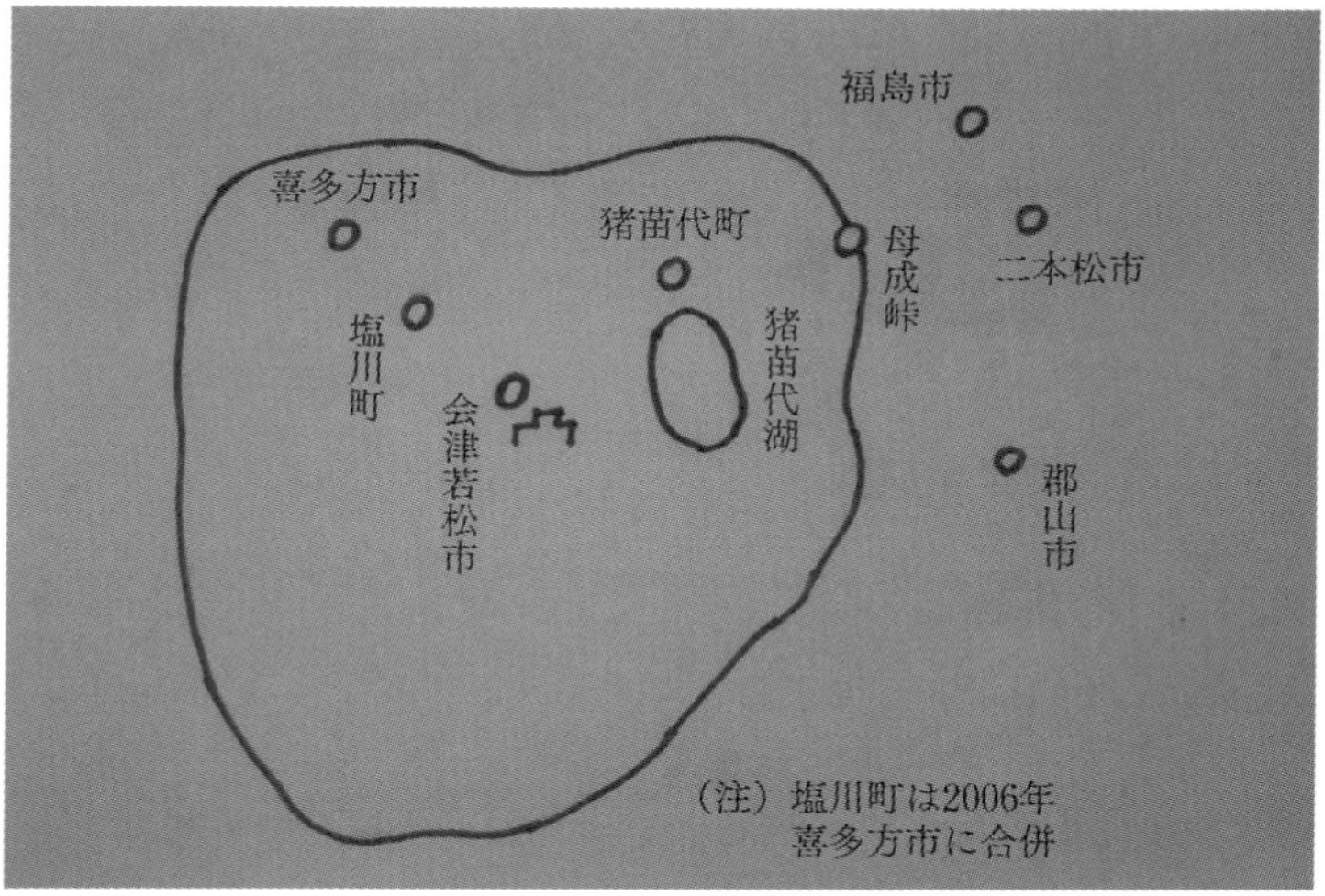

会津藩領の略図（福島県会津地方）

主に東京謹慎組から2百戸を募り、家族共々7百人余を北海道に送り出すことになった。当初は1万2千人もの移住を計画したが、これはさすがに財政難で没となった。この計画は、新政府にとっては、厄介払いと開拓・警備を兼ねる一石二鳥の策でもあった。

当時、北海道は長州系の兵部省と、佐賀藩系の開拓使が開発を担っていたが、両者は犬猿の仲だった。

明治2年（１８６９）9月（注・この時点では、後述する「斗南藩の立藩」は許されていなかった。これが認められたのは、同年11月になってからである）、旧会津藩士・宗川茂友《むねかわしげとも》（熊四郎。天保元年～明治34年、１８３０～１９０１）が、第1陣の１０３戸・３３２人を率いてコユール号で品川沖を出帆。21日、オタルナイ（現小樽市）に到着し、軍編成を行なった（以降、第2陣、第3陣へと続く家族を含め7百人余が、移住した）。

宗川は藩主松平容保の侍講などを勤め、戦時中は朱雀隊士中隊半隊頭であったが、鶴ケ

宗川茂友（熊四郎）

城籠城、東京・元火消屋での謹慎を経て、余市移住団の中隊長、余市総取締をつとめた。

この余市行きは、旧主・松平容保の減刑を念じた渡海で、言い換えると容保の身代わりにされた形で向かったといわれる。

容保は宗川茂友一行が東京を発つとき、彼らの行く末を案じ、次のような惜別の和歌を心を込めて贈ったという。

「我はまだ　蝦夷地知らねども　蝦夷ケ嶋寒しと聞けば　心して住め」

これは、会津藩降伏後、最初の北海道への集団移住になる。その後の斗南藩集団移住と異なり、先に藩の責任を一身に背負って、自害した萱野権兵衛の「一味」として渡海し、新政府は彼らを「会津降伏人」と呼んだ（好

開拓使札幌本庁舎

川之範『北の会津士魂』)。

移住団は、第2陣、第3陣と続き、藩士とその家族は計7百人に及ぶ。

会津藩士一行は、小樽上陸後、鰊場の番屋や遊女屋を宿舎に当てられ、痛憤する藩士もいたという。

2カ月後の11月、会津松平家は家名再興がなり、藩名は「斗南藩」に決まった。このとき小樽の移住団は「流罪人」ではなくなり、主君減刑のためという本来の使命は終わる。しかも、兵部省・開拓使の〝確執〟で、移住先がなかなか決まらなかった。さらには、北海道開拓は開拓使に一本化されることになってしまう。

斗南藩へ戻ろうにも、28万石から3万石では、引き取りを求めようにも困難である。

移住団の入植予定地は、石狩の当別、樺太と転々と変わる。しかし、上陸から1年半を過ぎた明治3年（1870）11月18日、開拓次官・黒田清隆が斗南藩小参事・広沢安任《やすとう》と

開拓使の次官・黒田清隆

宗川茂友へ宛てて、「引受」という文書を送り、ようやく落ち着き先が決まった。行き先は、余市川下流の未開の地であった。

〔トピック1〕余市に決定―「御受書」を差し出す―

紆余曲折の末、開拓使により、ようやく余市への移住が決まると、会津藩士たちは、宗川茂友以下227人の名で「御受書」（血判書）を開拓使・大山壮太郎監事に差し出し、開墾への覚悟を示して入植した。

なお、御受書には宗川以下、227人の名がある。うち斗南経由で移ってきた者は、17人であることが、最新の調査で判明している。

会津降伏人の余市移住実現に尽力したのは、開拓使の黒田清隆次官（元薩摩藩士）と大山重（壮太郎）監事（元越前藩士）だった。

翌明治4年1月過ぎ、会津藩士団は余市移住の準備にとりかかり、雪が解けて余市川両岸で開墾を始めた。

川の東は、のちの「黒川村」、川西はのちの「山田村」となるが、「黒川村」の「黒」は黒田清隆、「山田村」の「山」は開拓使官吏の大山重（壮太郎）の「山」から採ったといわれる。

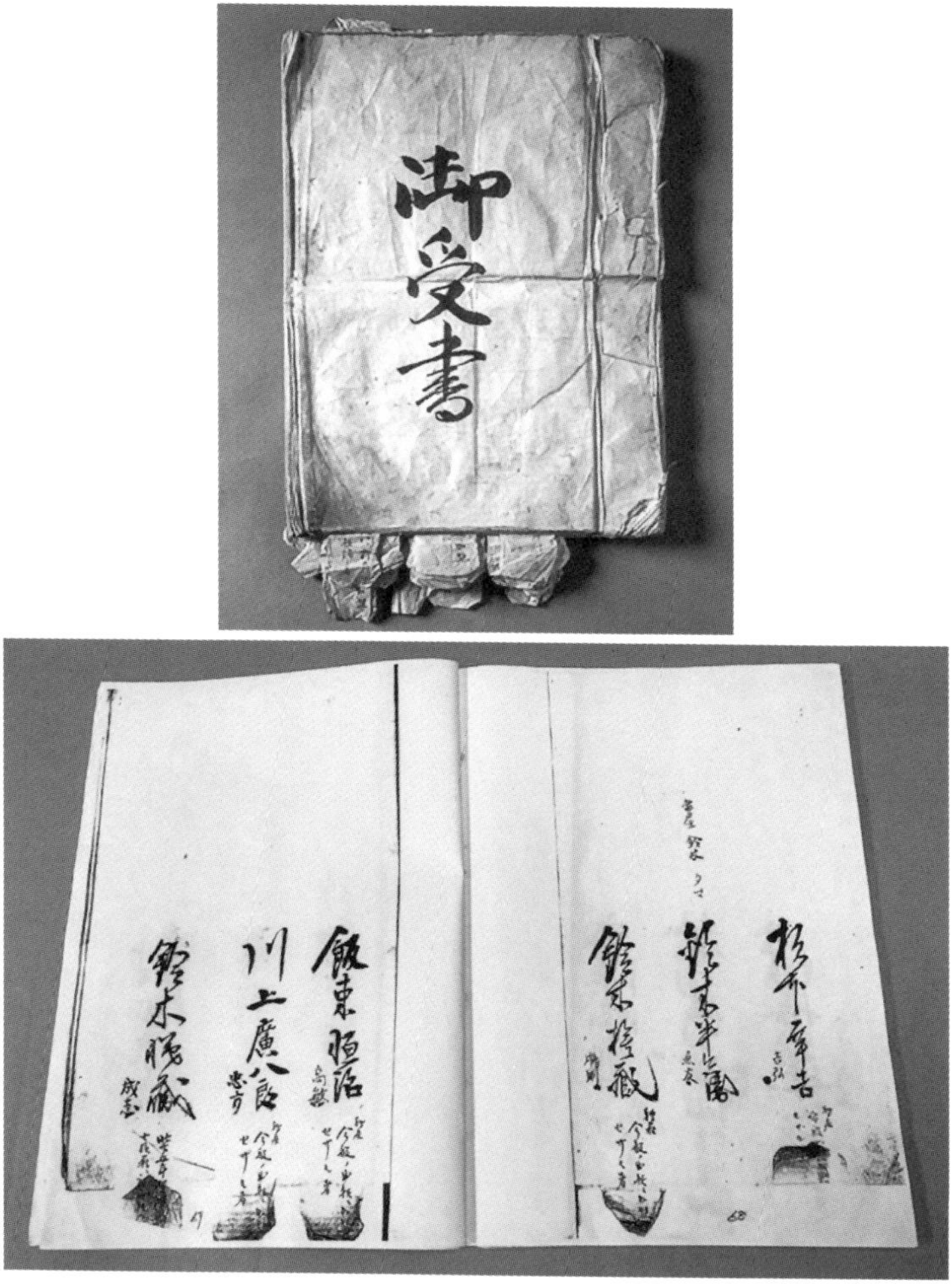

御受書

（宗川以下227人の名がある。うち斗南経由で移ってきた者は
17人であることが、最新の調査で判明）

会津降伏人の余市移住に尽力した開拓使の大山壮太郎（重）監事

ただ、前者については、近年、会津若松の古名「黒川」ではないかという説もでている。また、後年のことだが、昭和11年（1936）、黒川に萱野《かやの》権兵衛殉節碑が建立された。

開村記念碑（余市町）

〔トピック2〕リンゴ栽培に成功

ひとつのエピソードがあり、余市入植後、初めて死者が出たとき、寺院が「会津は朝敵であり、檀家でもないから」としてにべもなく葬儀を断られたので、移住団は激怒し、騒動が起こりそうな事態になった。

　そこで宗川茂友が一同を鎮め、諸氏に神道の葬儀ができるものはいないかと聞くと、手を挙げるものがいた。彼―在竹《ありたけ》四郎太が司斎をつとめ、葬儀は終わった。それ以来、余市の藩士達の家々は、仏教から神道に改宗し、宗川家も浄土宗から神道に改宗したという。

　一方、余市に移住して来た旧会津藩士たちに、開拓使は明治11年（1878）、米国のリンゴの苗木を配布し、育成するよう勧めた。彼らは疑心暗鬼でこれを植えた。

　これが初めて実をつけたのは、翌明治12年秋のことだった。民間で最初のリンゴ栽培に成功したのだ。

　やがて「緋衣《ひのころも》」、「国光」などのリンゴが栽

緋の衣

培されて、農家が栄えるようなって行った。

なお、宗川茂友は、リンゴの実のなる明治11・12年頃、なぜか余市を去り、郷里の会津中学校で武芸教師になったという。

(3) 斗南藩の立藩（明治2年11月）

会津の松平家は、容保の実子・慶三郎が継ぎ、容大《かたはる》と改名した。そして明治2年もかなり過ぎようとしていた頃に、新たに斗南《となみ》藩3万石（実収は7千石といわれる）の立藩が認められた。

わずか2歳の容大は、藩主としてこの斗南領に渡ることになった。この新領地は、明治2年（1869）と翌3年の二度に分けて申し渡された。

① 明治2年11月3日の申渡

陸奥国三戸郡　二十六村（現青森県南部一帯）

〃 北　郡　三十五村（現青森県北部一帯下北半島など）

〃 二戸郡　　九村（現岩手県北部）

②　明治3年1月の申渡し

北海道後志国　太櫓《ふとろ》郡（現久遠郡せたな町北檜山区太櫓）
〃　〃　瀬棚《せたな》郡（旧瀬棚村会津町、現久遠郡せたな町瀬棚区本町）
〃　〃　歌棄《うたすつ》郡（現寿都郡黒松内町）
北海道胆振国　山越《やまこし》郡（現山越郡長万部町と現二海郡八雲町）

すなわち、斗南藩は下北半島、三戸・五戸地域と、北海道・道南の4郡（瀬棚・太櫓・歌棄・山越の各郡）を支配した。

藩庁は最初は五戸（南部藩五戸代官三浦伝七家）に置かれ、まもなく下北半島の田名部《たなぶ》村（現むつ市）の円通寺へ移された。

なお、「斗南《となみ》」の名の由来には数説あるが、一説では中国の詩文にある「北斗以南皆帝州」（北のこの地も天皇の国であることに変わりはなく、ともに北斗七星を仰ぐ民である、の意）から出たといわれる。

松平容大

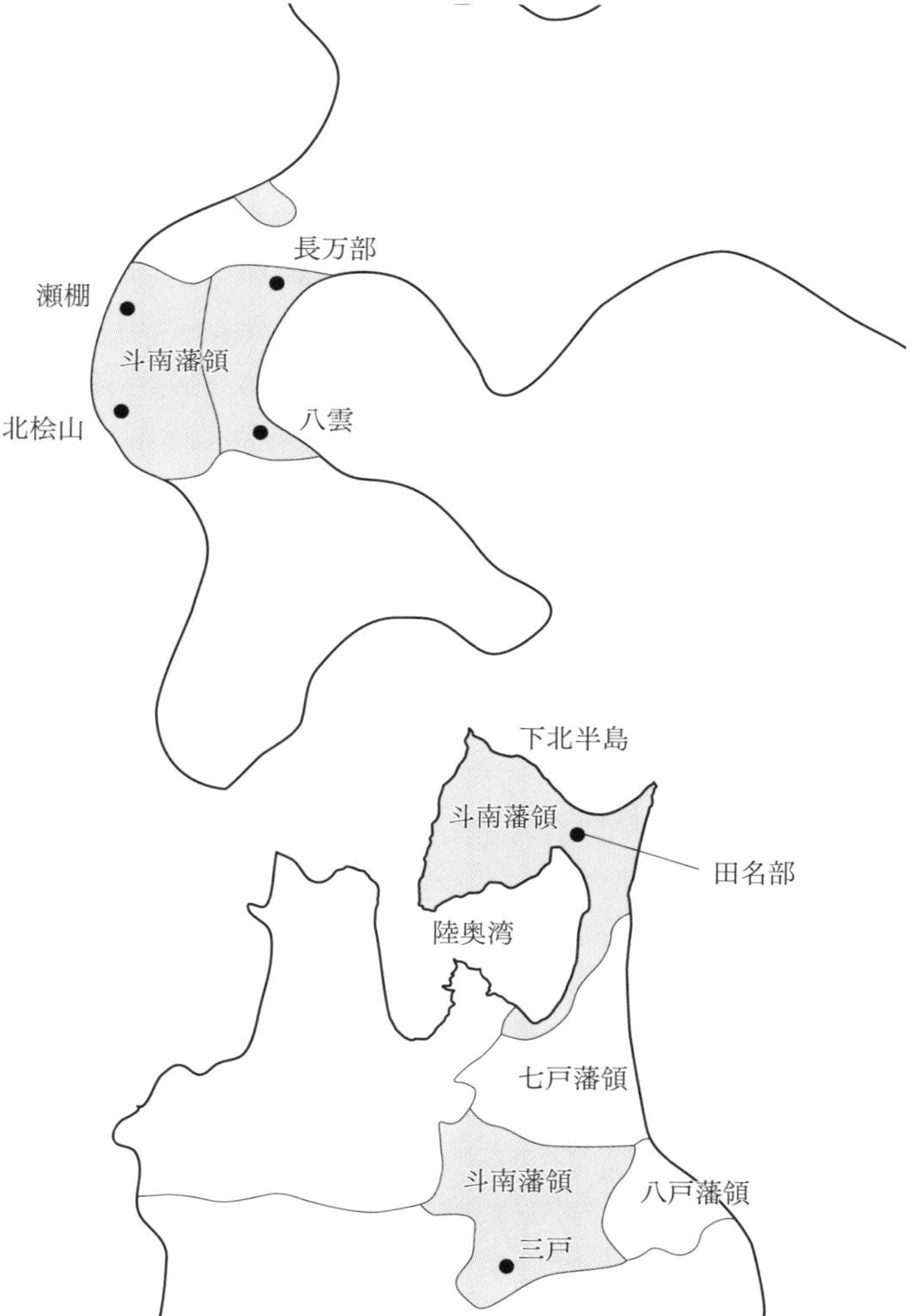
長万部
瀬棚
斗南藩領
北桧山
八雲
下北半島
斗南藩領
田名部
陸奥湾
七戸藩領
斗南藩領
八戸藩領
三戸

斗南藩領有図（灰色部分）

〔トピック〕旧会津藩士の斗南移住の開始（明治3年4月）

旧会津藩家臣団らの斗南への移住が始まったのは、明治3年4月である。

移住数は過去に例を見ない大移動となり、藩士と家族を含めて4、332戸、1万7、327人に達した。

彼らは、謹慎先の東京、越後高田（現上越市）、会津から、陸路や海路で続々と斗南の地へ向かい、移住した（『青森県史第6巻』）。

こうして荒蕪《こうぶ》の原野開拓を開始するが、ここで彼らは厳しい生活に直面する。

しかし、翌明治4年7月には廃藩置県で「斗南県」となり、斗南藩はわずか1年で消滅する。その後、多くの藩士たちが、この地を去

斗南藩仮役所（円通寺。現むつ市）

っている。

なお、会津に残された約6千4百人は帰農したり、商工業についたりした。

(4) その他の旧会津藩士たちの移住

〔トピック1〕北海道に転住した白虎隊士たち

戊辰戦争後、50人前後の元白虎隊士が、北海道に移住したという。その人物名についても、好川之範『戊辰150年記念出版　北の会津士魂』に記されている。非常に興味深い、貴重なデータなので、次に紹介しておきたい。

（氏名）	**（移住先）**
安久原茂	函館・白老
安部八之進	札幌
在竹四郎太（成人将校）	余市
飯島玄光	札幌苗穂
飯沼貞吉	札幌郵便局

池沢小助　　瀬棚会津町・函館警察
石田和助　　自刃・兄箱館戦争転戦
石山虎之助　自刃・遺族森・札幌転住
井深　主　　札幌
上野寅四郎　江別
太田小兵衛（成人将校）　札幌琴似屯田兵
太田源太郎　札幌山鼻屯田兵
大竹己代松　札幌琴似屯田兵
大場小右衛門　札幌山鼻屯田兵
金子家英　　札幌
木沢治八　　江別
木村直人　　余市・札幌
小浅安次郎　戦死・遺族江別
小檜山勝美　札幌山鼻屯田兵
酒井峰治　　旭川

白虎隊士の像（会津若松駅前付近）

桜井弥一右衛門（成人隊長）　東和田屯田兵
笹内次郎　札幌山鼻屯田兵
佐々木平門　札幌・古宇郡神恵内
佐藤昌人　札幌・増毛・苫前
佐藤駒之進（成人将校）　余市・小樽
佐藤武太郎　函館・厚岸・根室
笹原伝太郎　函館税関
鈴木平助　戦死・遺族余市
住吉貞之進　小樽量徳尋常高小校長
高木源治　札幌
高橋金右衛門　病死・遺族札幌
高橋清吾　余市・札幌
永井次郎　室蘭
永岡清治　札幌地裁小樽支部判事など
成瀬善四郎　札幌

仁科信蔵　　札幌
原　早太　　遺族函館・苫小牧・札幌
日向内記（成人将校）　本人移住せず・一族墓函館
古山文治（成人将校）　磯谷郡尻別
星野義信　　根室測候所初代所長
本名信吾　　室蘭
町野彦太郎　　札幌琴似屯田兵
三沢　毅（成人将校）　札幌琴似屯田兵
柳田　毅　　札幌山鼻屯田兵
山浦常吉　　札幌・室蘭及び網走支庁長
弓田代三郎　　札幌琴似屯田兵
吉田豊記　　余市・札幌
渡辺弾蔵　　余市

＊著者によると、この北海道ゆかりの白虎隊士名は、本人の自筆履歴書、史料など諸記録を集約した。他にも多数の転住者がいたものと推定され、全白虎隊士の6分の1が、北海道

へ移住したとしている。

〔トピック2〕 雑賀孫六郎《さいかまごろくろう》（重村《しげむら》・一瀬紀一郎）の移住

異色の経歴の会津武士で、開拓使でも活躍した人物。

天保7年（1836）生まれで、紀州雑賀衆の支族。会津藩大砲方。幕末に蝦夷地勤務を経験。戊辰戦争時に榎本武揚らと開陽丸に乗船、大坂城から18万両を運び出し、箱館戦争の軍資金にしたといわれる。榎本らの立てた蝦夷島政権では、開陽丸艦長だった澤太郎左衛門らとともに室蘭へ赴任、開拓奉行に出仕して組頭をつとめた。

箱館戦争後は徳島藩で謹慎。斗南藩官吏を経て、明治4年（1871）9月、開拓使に出仕した。

以降、札幌本道（札幌〜函館間）開削や、室蘭港修築事業などに実績。茅部・山越両郡長もつとめた出世頭である。

雑賀孫六郎（重村）**の墓**
（函館市住吉町）

明治13年（1880）9月、同郡長在任中に病没。墓は函館市住吉町の住吉共同墓地にある。

〔トピック3〕丹羽五郎《にわごろう》の移住（旧丹羽村の創建）

丹羽五郎は嘉永5年（1852）生まれの会津藩重臣丹羽家（1千石）の分家の子として生まれた。本家に男子がいなかったため、10歳で養子入りをして本家を継いだ。18歳のとき会津戦争に参戦し、藩主容保の養継子・喜徳《のぶのり》の側近として戦った。このとき、一族から40人もの犠牲者を出したという。

丹羽五郎

会津藩降伏後、生き残った五郎は、東京で1年半の捕虜生活を送ったが、まもなく幽閉が解かれ、会津へ戻れる身となるが、彼はそのまま東京で学問を続けることを望んだ。

しかし、一家の主として家族の面倒を見なければならず、生きるために明治5年（1872）、20歳のとき警察の道に入る。

明治10年（1877）、25歳のときには二等

丹羽五郎胸像
（せたな町・玉川公園）

丹羽五郎頌徳碑
（せたな町玉川公園）

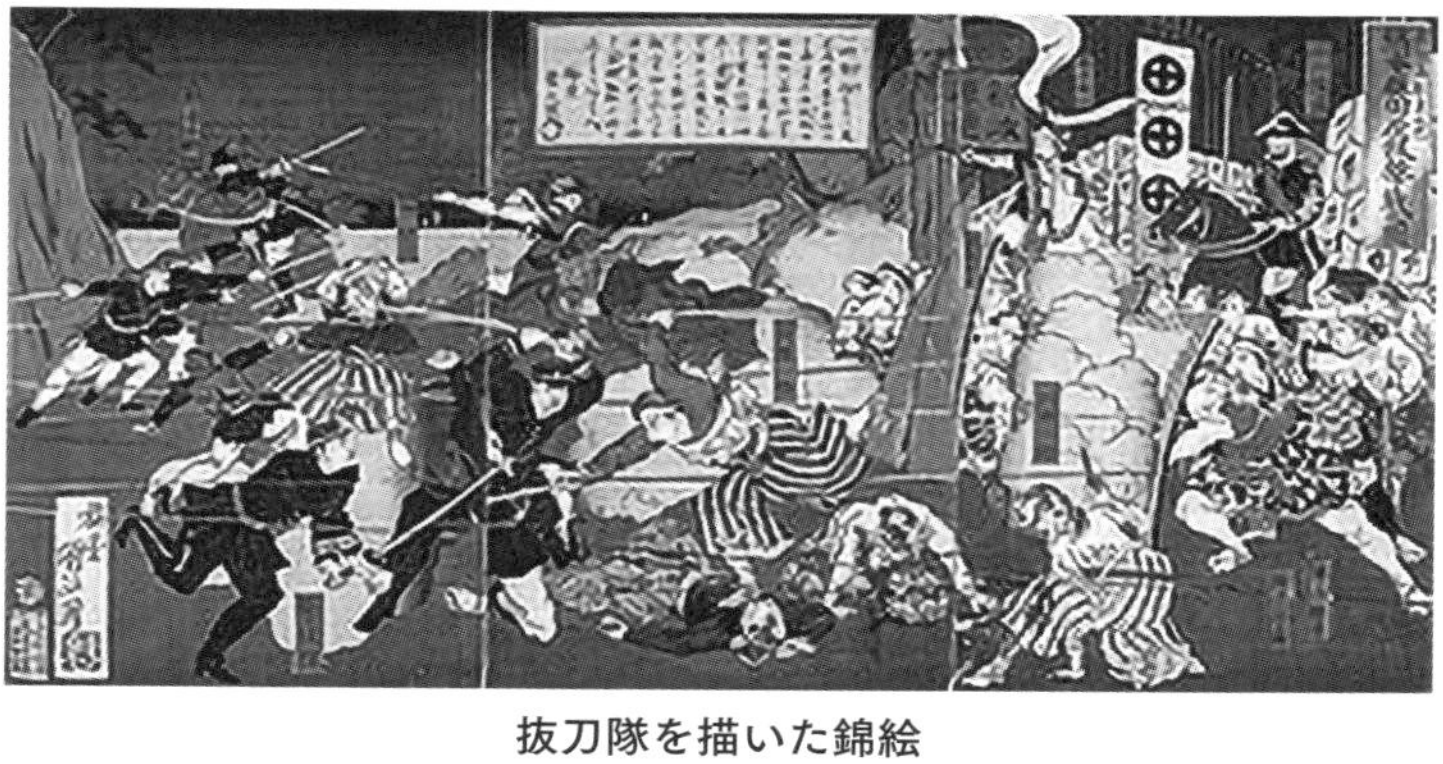

抜刀隊を描いた錦絵

警部に昇進。別働第三旅団の警視隊に入り、西南戦争に参戦した。

最大の激戦場・九州の田原坂の戦いでは、決死隊・官軍警視抜刀隊の小隊長として奮戦して勇名を馳せた。戦後の明治21年（1888）、東京・神田和泉橋警察署長を務めたが、同24年に辞め、北海道開拓を志した。

6百町の土地貸付け許可を得ると、18年間勤めて来た警察を辞め、同25年（1892）3月1日東京を発ち、北檜山町（現せたな町北檜山区丹羽地区）に入植した。

一行は丹羽を筆頭に12戸49人で、彼らはこの地で「丹羽村の創建」を目指し、地元の繁栄に貢献した。

また、丹羽は小作農を廃し、自作農創設に

会津白虎隊玉川遙拝所（せたな町玉川公園）

情熱を傾けた。

大正2年（1913）、開拓農地1千余町、276戸・1、380人余の入植の功績を認められ、藍綬褒章を受章した。

昭和3年（1928）、丹羽は76歳で没した。

〔トピック4〕好川喜五右衛門の入植

好川喜五右衛門《よしかわきごえもん》（忠四郎。天保元年~明治33年。1830~1900）は、会津代官所・好川忠左衛門忠豊、松夫婦の3男として生まれた。

明治3年（1870）、下北半島の大間岬からが渡道し、斗南藩の北海道に於ける新領地のひとつ、瀬棚郡（現久遠郡せたな町瀬棚区）に移住・入植した。

瀬棚は日本海側の漁村で、明治初年代は松前の交易拠点として場所請負人を置き、運上屋・古畑幸三郎の支配人・桂為助が、村を仕切っていた。斗南藩士は明治3、4年の2度に分かれて瀬棚へ移住し、好川喜五右衛門は第1陣の明治3年移住であった。

彼が、既に斗南の川内村に移住していた兄・好川範之丞に宛てて、明治4年の元日に書いたと見られる手紙が残っている（兄・範之丞は10歳年長で、会津戦争では鶴ケ城西出丸で戦傷を負った。4歳年少の弟・喜代美は、本藩の遊撃隊士として戦った)。

会津人の入植当時、瀬棚には漁労に従事する者がわずか20戸余り、アイヌの集落が15戸ぐらいで、会津人は馬場川に沿う一帯に小さな家を建てた。それが、「瀬棚村字会津町」の地名の起源である(『会津会々報』大正7年)。

斗南領瀬棚では、移民総取締が選任されて村政の基礎がつくられ、戸長、副戸長も決まった。明治7年(1874)、喜五右衛門は開墾に成功し、同11年になって隣村の太櫓郡太櫓村に畑と宅地を持ち、着農した。瀬棚の名士・山本金兵衛の長女・フサを養女にし、係累は札幌の妙見本宮出雲神社宮司になっている。

喜五右衛門(瀬棚没)や範之丞(青森県三本木没)、喜代美(札幌山鼻屯田兵村没)は、その後、再会は果たせなかった。

〔トピック5〕その他瀬棚・歌棄・山越各郡へ入植した者たち

諸記録のうえでは、次のようになっている。

明治3年　5戸　16人
　4年　47戸　193人

3　仙台藩処分、傘下有力領主・家臣の北海道移住

(1)　仙台藩の家臣構成と新政府による処分

ア　仙台藩の家臣構成

仙台藩は、62万5千石（一関支藩3万石を含む）の大藩（実高は102万石といわれた）だった。仙台城・白石城のほか、要害の地に城に準じる館20があった。

このあたりについて、主に鈴木常夫『北海道に渡った仙台藩士たち』を参考に、以下、詳しく見ていくこととしたい。

軍団は本藩の藩主・伊達慶邦をトップとし、御一門11家、一族22家、宿老3家などに領地を与える地方知行制度をとっていた。そして、伊達氏直属の家臣（大番士・組士・卒）は約1万2千人、陪臣（支藩的な各領主の家臣）約2万人、計3万人余に及んでいた。

もう少し補足すると、臣下の格式は、最高位が「御一門」11家、うち筆頭は角田（石川氏）、次席は亘理《わたり》（伊達氏）で、以下、水沢・涌谷《わくや》・登米《とめ》・岩谷堂・宮床《みやとこ》・岩出山《いわでやま》・川崎（以上伊達氏）、白川・三沢などの順だった。

次が「御一家」17氏（片倉ほか）。その下に「準一家」8氏、「御太刀上（御盃頂戴）9家、「一族」22氏、宿老3氏などがあった。

（注）水沢は現岩手県南部（現奥州市）にあった。

●御一門（伊達氏の親族・分家・重臣にあたる家臣11家）

①	角田領主	石川大和	知行高21、380石	首座（最上位の席）
②	亘理領主	伊達安房	24、850石	
③	水沢領主	伊達将監	16、130石	
④	涌谷領主	伊達安芸	22、640石	
⑤	登米領主	伊達筑前	20、000石	
⑥	江刺岩谷堂領主	伊達右近	5、000石	
⑦	黒川宮床領主	伊達六郎	8、000石	
⑧	岩出山領主	伊達弾正	14、640石	
⑨	柴田川崎領主	伊達織部	2、000石	
⑩	栗原真坂領主	白河七郎	1、043石	
⑪	胆沢前沢領主	三沢信濃	3、000石	

角田城址（角田要害。領主石川氏。宮城県角田市）

亘理城址（亘理要害。宮城県亘理町）

岩出山城址（岩出山要害。宮城県大崎市岩出山）

船岡城址（領主柴田氏。船岡要害。宮城県柴田町大字船岡）

●御一家（一門に次ぐ家柄17家）

			知行高	
①	本吉松岩	鮎貝氏	1、000石	筆頭（米沢以来の重臣）
②	名取秋保	秋保氏	1、000石	
③	柴田船岡	柴田氏	5、157石	
④	江刺野手崎	小梁川氏	800石	
⑤	栗原若柳	塩森氏	338石	
⑥	亘理坂元	大条氏	4、000石	
⑦	東磐井薄衣	泉田氏	1、414石	
⑧	桃生永井	村田氏	687石	
⑨	栗原照越	黒木氏	800石	
⑩	栗原高清水	石母田氏	5、000石	
⑪	桃生鹿又	瀬上氏	2、000石	
⑫	栗原岩ケ崎	中村氏	4、524石	
⑬	志田松山新田	石川氏	150石	
⑭	江刺上門岡	中目氏	497石	

⑮　登米佐沼　　亘理氏　　5、000石
⑯　栗原鶯沢　　梁川氏　　300石
⑰　刈田白石　　片倉氏　18、000石

●準御一家（一門に次ぐ家柄で、かつて敵対した家柄8家）

①　胆沢水沢　　猪苗代氏　知行高　260石　首座（祖先は会津葦名氏に仕えた猪苗代氏）
②　宮城八幡　　天童氏　1、347石（祖先は山形天童城主）
③　栗原清水　　松前氏　1、700石（仙台騒動で亀千代君を守った家柄）
④　登米石越　　葦名氏　1、500石（祖先は会津葦名氏）
⑤　登米米谷　　高泉氏　2、700石（祖先は足利の出で大崎氏の執事）
⑥　栗原大川口　上遠野氏　800石（祖先は磐城国上遠野氏）
⑦　志田新沼　　保土原氏　329石（祖先は二階堂氏一族）
⑧　宮城高城　　福原氏　800石（祖先は亘理領主伊達村好の二男で奉行職を務めた家柄）

●御太刀上（御盃頂戴）（毎年正月の賀礼に太刀を献上し、藩主から盃を賜る家柄9家）

① 国分氏 ② 増田氏 ③ 上郡山氏

④ 飯田氏 ⑤ 砂金氏 ⑥ 藤沢氏

⑦ 梁川氏 ⑧ 茂庭氏 ⑨ 白河氏

この下に、大番氏等の士分が位置する。

●一族（早い時期から伊達氏に仕えた家柄22家）

① 松山 茂庭氏 知行高10、000石以上

② 胆沢金ケ崎 大町氏 3、000石（筆頭）

③ 西磐井永井 大塚氏 287石

④ 登米西郡 大内氏 1、927石

仙台城の大広間跡（遺稿整備が行われた。仙台市）

⑤　桃生前谷地　西大條氏　569石
⑥　宮城松森　小原氏　562石
⑦　東磐井薄衣　西大條氏　171石
⑧　江刺上川口　中島氏　1、682石
⑨　志田松山　茂庭氏　13、000石
⑩　胆沢上衣川　遠藤氏　643石
⑪　伊具小斎　佐藤氏　1、100石
⑫　宮城中野　畠中氏　100石
⑬　柴田村田　片平氏　1、913石
⑭　宮城中野　大町氏　509石
⑮　小舟越　高城氏　420石
⑯　黒川大松沢　大松沢氏　611石
⑰　黒原桜目　石母田氏　1、000石
（以下、省略）

●宿老（代々家老を務める家柄3家）

①　栗原川口　遠藤文七郎　知行高　1、833石

②　黒川吉岡　但木土佐　1、500石

③　遠田不動堂　後藤孫兵衛　1、700石

●着座（毎年正月の賀礼に登城して、藩主に太刀・馬代目録を献上し、各列をもって座につき藩主から盃を賜る家柄38家）

①　名取岩沼　古内氏　知行高　7、042石

②　加美宮崎　古内氏　3、280石

③　伊具丸森　佐々氏　3、280石

④　桃生寺崎　黒澤氏

⑤　加美中新田　只野氏

⑥　伊具尾山　大条氏

⑦　東磐井藤沢　奥山氏

⑧　加美小野田　奥山氏

⑨　刈田平沢　高野氏

⑩　桃生小野　　　富田氏

……（以下省略）

●要害（主要な街道の関所または領内の要地をいい、21カ所）

①　平沢（刈田・高野氏）
②　角田（伊具・石川氏）
③　金山（金山・中山氏）
④　川崎（柴田・伊達氏）
⑤　船岡（船岡・柴田氏）
⑥　小堤（亘理・伊達氏）
⑦　坂元（坂元・大条氏）
⑧　新地（宇田・伊達氏）
⑨　岩沼（名取・古内氏）
⑩　涌谷（遠田・伊達氏）
⑪　不動堂（遠田・後藤氏）
⑫　岩出山（玉造・伊達氏）

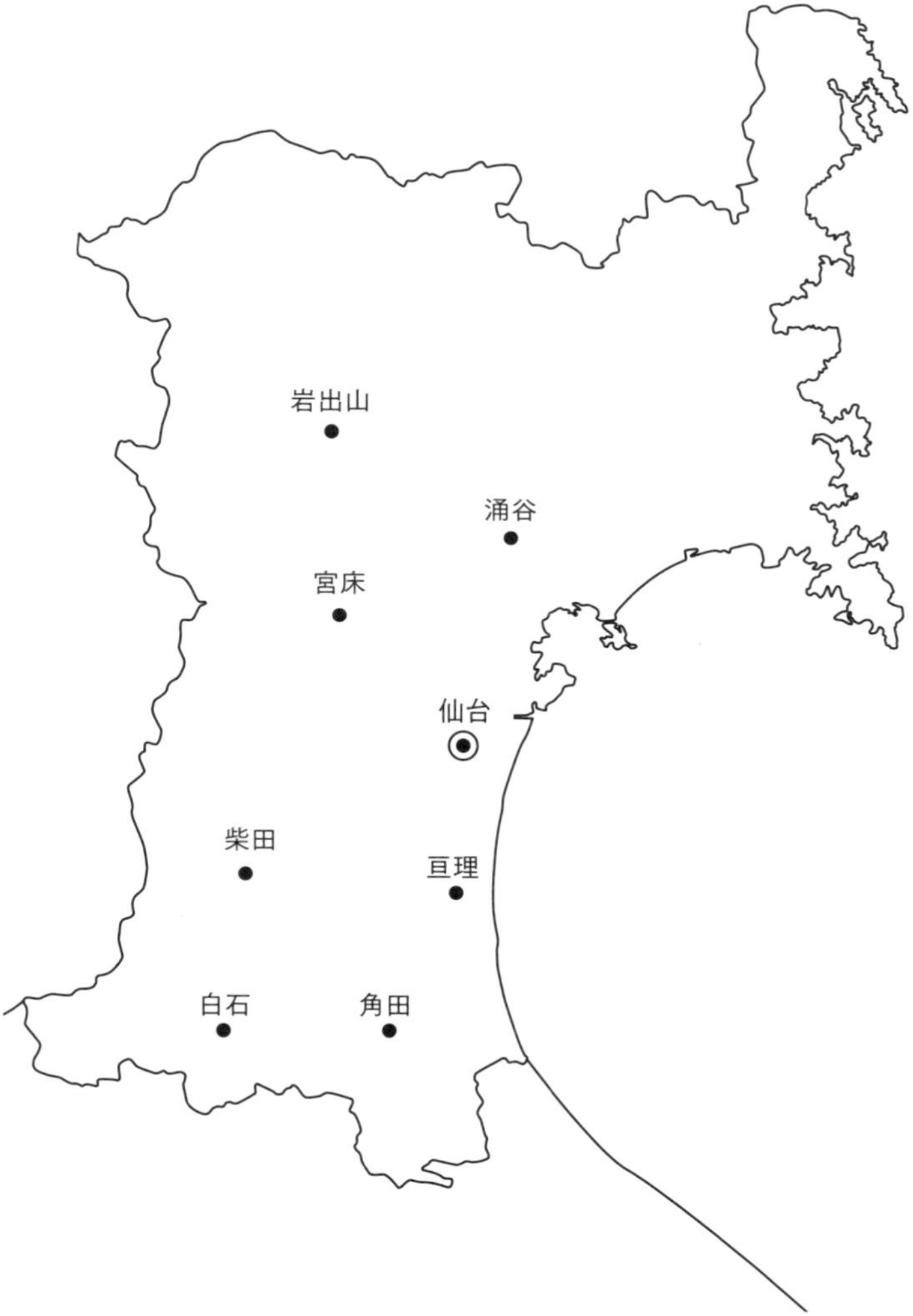

仙台藩各領主所在図略図　＊水沢は現岩手県南部（現奥州市）

⑬ 高清水（栗原・石母田氏）
⑭ 宮沢（宮沢・長沼氏）
⑮ 佐沼（登米・亘理氏）
⑯ 金ケ崎（胆沢、大町氏）
⑰ 岩谷堂（江刺・伊達氏）
⑱ 上口内（上川口・中島氏）
⑫ 人首（栗原・沼田氏）
⑳ 水沢（胆沢・伊達氏）

東北戊辰戦争後、北海道分領出願いを提出した伊達ら6士族とは、城または要害拝領者で一門一家の重臣たちと、その家臣たちであった。

イ　仙台藩傘下有力領主の戦時中における行動

仙台藩主・伊達慶邦は、はじめ表面では会津藩を攻める一方、裏面では会津藩降伏の仲介工作を進め、戦争を回避するという行動をとり、のちには世良修蔵の密書により薩摩・長州主体の新政府軍の真意を知り、徹底抗戦に転じた。
この戦争時における仙台藩傘下の有力な領主たちの行動を記した文献は、ほとんど見かけないが、前記鈴木常夫『北海道に渡った仙台藩士たち』などでわかる範囲で拾ってみると、以下のとおりである。

●亘理領主・伊達邦成《くにしげ》（御一門2席。2万3、853石）

慶応4年4月、会津討伐の際、亘理領主・伊達藤五郎（邦成）は、命により湯原口に軍を配置し、討伐の準備体制を整えた。

7月には、秋田藩の寝返りにより、亘理勢は岩出山・涌谷・柴田勢とともに「秋田攻め」に出陣。坂元半左衛門らの隊は、大曲から角館に進撃した。（9月、停戦命令により引き揚げ）。

●岩出山領主・伊達邦直《くになお》（御一門8席。1万4、643石）

4月の会津討伐の際、岩出山領主・伊達弾正（邦直）は、命により関口に軍を配置した。

7月頃には、秋田藩の寝返りにより、岩出山勢は涌谷・亘理・柴田勢とともに「秋田攻め」に出陣した。（9月、停戦命令により引き揚げ）。

●白石領主・片倉邦憲《くにのり》（御一家。1万8千石）

5月、白石勢は福島から棚倉を経て白河口へ出陣。棚倉・二本松勢が協力して参戦した。7月末には、二本松城が落城し情勢が緊迫してきたため、白石領主・片倉邦憲自ら120人ほどの兵を率いて、越河口（宮城県白石市越河）に出陣した。さらに翌8月、邦憲の継子・景範は、2百人の兵を率いて、七ケ宿街道の上戸沢に出陣した。

●角田領主・石川邦光《くにみつ》（御一門筆頭。2万1、380石）

5月、角田勢は白河口の出陣を命じられ、泉鱗太郎を隊長に、百人ほどの一隊を出陣させた。また、領主・石川邦光自ら千2百人の兵を率いて出陣し、白石・桑折・二本松などを経て、郡山に本陣を構えた。

白河口に出陣した角田本隊は、後列に属していたこともあり、前線で戦うことはなかったが、泉鱗太郎らの率いる小隊は、三春・棚倉・二本松戦で苦難の転戦を続けた。

7月、二本松城が落城すると、角田領主・石川邦光は、自領の守りを固めるため、角田へ引き揚げた。

翌8月、旗巻峠（宮城県丸森町）に本藩、細谷十太夫のからす組等が、筆甫《ひっぽ》には本藩とともに角田勢など千2百人の兵が集結したが、戦いに利あらず、総崩れとなり敗走した（9月、停戦命令により引き揚げ)。

●**宮床領主・伊達宗広《むねひろ》**(御一門7席。8、071石)

記録が見当たらず、詳細は不明である。

●**涌谷領主・亘理(伊達)胤元《たねもと》**(御一門4席。2万2、640石)

7月、涌谷勢の参謀・菅原応輔らの部隊が、本藩・細谷十太夫の指揮下に白河口へ出陣した。また、秋田藩の寝返りにより、涌谷勢は岩出山・亘理・柴田勢とともに「秋田攻め」に出陣。坂元半左衛門らの隊は、大曲から角館に進撃した。(9月、停戦命令により引き揚げ)。

●**柴田領主・柴田意広《もとひろ》・意成《もとしげ》**(御一家。5、157石)

5月、柴田勢は領主・柴田意広が8百人の兵を率いて白河口および平口(福島県いわき市平)に出陣した。

6月、柴田勢は仙台本藩勢ら同盟軍とともに、平潟港(茨城県)から上陸した新政府軍を勿来《なこそ》口(福島県いわき市)で迎え撃ち交戦したが、強力な新政府軍の前に、平口《たいらぐち》の方へ敗走した。

この後、柴田勢はいったん柴田へ引き揚げたが、秋田藩の寝返りにより、柴田領主・柴田意広は8月、約3百人の兵を率いて「秋田攻め」に出陣。鬼首から秋田藩領の湯の岱に攻め入り、角間川戦に勝利した。

この戦いで、戦死者3人、負傷者8人を出している。坂元半左衛門らの隊は、大曲から角館に進撃した(9月、停戦命令により引き揚げ)。

●〔参考〕**水沢領主・伊達邦寧《くにやす》**（御一門3席。1万6、135石）＊岩手県奥州市

伊達邦寧は、戊辰戦争の際、仙台藩の一門として（伊達邦慶の代理として）白河口に出陣したが、石切山などで敗れて、17人の死者を出した。

戦局の不利のため、藩論が恭順に傾くと、藩主の命で降伏の正使となった。

ウ　処分の内容

〔仙台本藩〕戦争責任者として但木土佐・

水沢城址（水沢要害。領主は伊達氏。岩手県奥州市）

坂英力の2人は、明治2年6月に東京で斬罪に処された。そのほか、明治2年4月、次の7人が処刑されている。

奉行　和田織部・遠藤吉郎左衛門

大番組養賢堂指南統取軍務統取兼近習　玉虫左太夫

郡奉行　若生又十郎

二番御召出近習　安田竹之助・栗村五郎七郎

観察　斎藤安右衛門

藩主伊達慶邦《よしくに》・宗敦《むねあつ》父子は、謹慎・隠居となった。石高は62万石から28万石に削減された（この28万石には、岩手県内の旧仙台藩領は除かれた）。また、慶邦の実子・亀三郎宗基《むねもと》が伊達家を相続した。

仙台藩では、直臣の3割に休暇を与え、陪臣2万家すべてに永暇したという。

仙台藩の抱えていた藩士らの総数は、藩士（直臣）1万2千人、陪臣（各領主配下の家臣）2万人、その家族を合わせて約16万人といわれる。後日のことになるが、そのうちおよそ4千5百人（約4千3百人ともいう）が、明治維新後、北海道に渡り開拓に従事した（鈴木常夫『北海道に渡った仙台藩士たち』）。

〔処分内容の詳細～戦争責任者の処罰〕

戊辰戦争で敗戦した仙台藩では、主戦派が退けられ、和平派が主導権を握って、主戦派に対する処分を、次のとおり行った（『宮城県史』ほか参考）。

＊切腹家督没収　奉行　和田織部
同　同　遠藤吉郎左衛門（はじめ主税）
同　大番組養賢堂指南統取軍務統取兼近習
玉虫左太夫（かつて幕府の遣米使節団に同行）
同　郡奉行　若生文十郎
同　二番御召出近習　安田竹之助
同　同　栗村五郎七郎
同　観察　斎藤安右衛門

以上、7人は翌明治2年4月18日に処刑された。このほか、

切腹家督没収　奉行（宿老）　但木土佐
同　同　坂　英力

の2人は、その後の6月29日、東京で処刑され、あわせて9人が死罪に処された。

＊逼塞（閉門などとともに、武家や僧侶に科せられる禁固刑の一種。）

若老　武田杢助
＊家督没収入獄　若老　葦名靱負
＊家督没収禁固　若老　富田小五郎
同　学問所学頭　荒井儀右衛門
同　入獄　修次父隠居　大槻平次（盤渓）
同　永預　列法方役人　塚本　磨
同　同　若老　塩森佐馬助
同　家財欠所　奉行　松本要人
同　同　出入司　松倉　亘
同　同　元留守居大童信太夫改名
黒川　剛
同　同　衝撃隊長　細谷十太夫
等の合計51人が処罰された。

衝撃隊隊長　細谷十太夫（直英）

エ　仙台藩の減封と混乱―「北海道開拓」への道

仙台藩は明治元年12月6日、戦争責任を問われ、藩の存続は認められたものの、先にも触れたように、禄高（石高）は、62万石から28万石へと、大幅に減封された。

その結果、刈田・伊具・亘理・柴田の4郡は盛岡藩に、志田郡の一部と遠田・登米の諸郡は土浦藩に、栗原郡の大部分は宇都宮藩に、本吉・桃生・牡鹿の3郡は高崎藩に、東磐井・西磐井・胆沢の3郡は上州沼田藩に、それぞれ割譲され、仙台藩領地は名取・宮城・黒川・玉造・志田の4郡だけになってしまった。

この領地だけでは、藩士約1万2千人、陪臣（各領主の家臣）約2万人、それにその家族合わせて16万余人の生活を支えていくことは、到底できない。

しかも、盛岡藩は今すぐにも城や屋敷の明け渡しを要求するほどの性急さだった。

結局、盛岡藩は新政府に対し、70万両を積み転封を免れたため、すぐに引っ越しにはならなかったが、藩内は大騒ぎになり途方に暮れた。

この窮状に際して、仙台藩は、郡村居住の藩士や陪臣の帰農（農民になること）を新政府に願い出て、一部は認められたが、それも直属の家臣団だけで、多くの陪臣は失業して無収入になってしまった。

藩は領地の割譲で収入が極端に不足したため、藩士以外の組抜（農工商階級から下級家臣へ取り立てられた者）、足軽等に永暇（解雇）を与えるとともに、家臣の大幅減俸を行なった。さらには、5月15日までに、伊達家直属の一門より軽卒までの1万650家のうち、約3割に休暇を与え、このほか陪臣2万家すべてを永暇とする大判断を下した。

この時点で、仙台藩は崩壊した、といえる。その窮状を打開するため、明治2年1月28日、新政府に在郷居住藩士の土着帰農を申請し、同日付けで認められた。

一方、新政府は失業士族の処置に困っており、いつ反乱を起こすかも知れないという不安を抱えていた。そこで、これら旧士族階級を、「北海道開拓と警備」へと従事させていく策を推進していくのだ。

これに対し、旧藩士・陪臣、特に領地を失った各領主とその家臣たちは、帯刀を奪われるのは屈辱だと考えていたから、新しい土地で再出発をすることを受け入れる方向に傾いた。

〔トピック〕仙台藩傘下各領主の敗戦後の家禄減少内訳

仙台藩傘下の主な領主の戊辰戦争後における家禄減少内訳を、次に列記する。

●亘理領主・伊達邦成（御一門2席）

2万3、853石→58石5斗（130俵）

●岩出山領主・伊達邦直（御一門8席）

1万4、643石→58石5斗（130俵）

＊65石説もある

●白石領主・片倉邦憲（御一家）

1万8、000石→24石7斗5升（55俵）

●角田領主・石川邦光（御一門筆頭）

2万1、380石→58石5斗（130俵）

●宮床領主・伊達宗広（御一門7席）

8、071石→58石5斗（130俵）

●涌谷領主・亘理（伊達）胤元（御一門4席）

2万2、640石→58石5斗（130俵）

●柴田領主・柴田意広・意成（御一家）

5、157石→24石7斗5升（55俵）

●〔参考〕水沢領主・伊達邦寧《くにやす》（御一門3席）＊岩手県奥州市

宮床伊達家廟所（宮城県大和市）

涌谷城址（涌谷要害。宮城県涌谷町）

1万6、135石→58石5斗（130俵）

(2)　傘下有力領主の北海道移住

北海道への集団移住を名乗り出たのは、本藩の一門に当たる亘理・岩出山・白石・角田・宮床・涌谷・柴田の7領主で、いずれも伊達氏の親戚筋に当たる。

中でも、角田・亘理・岩出山の3領主は名門中の名門で、白石の片倉氏も一門中、最右翼の家柄だったので、率先せざるを得なかった。

ア　北海道への移住申し出をした領主と移住先

① 亘理　伊達邦成　有珠・虻田郡
② 白石　片倉邦憲　幌別郡（現登別市）
③ 角田　石川邦光　室蘭郡
④ 岩出山　伊達邦直　空知・札幌郡
⑤ 宮床　伊達宗広　空知・札幌郡

⑥　涌谷　亘理胤元　空知・札幌郡

＊このほか、柴田（柴田意広）は、自領独自では移住許可がでず、他の領主・家臣の移住に加わる形で、一部家臣らが移住している。

＊実際移住したのは亘理・白石・角田・岩出山と亘理に加わった柴田の5領主のみ。その他、涌谷の一部も岩出山の移住に加わったともいう。

なお、水沢は領主の同意の得られないまま渡道し、一部の者が札幌・平岸へ移住したもよう。

イ　北海道移住の経過など

●亘理　伊達邦成　有珠・伊達郡移住

明治2年　大晦日に家臣を大雄寺に集め、移住を申し渡す。

3年　第1回移住　250余人（角田領の44人も同行）

第2回移住　46人

4年　第3回移住　788人（領主義母・貞操院を含む）

～以下、明治14年の第9回までに、合計2、650人が移住

＊他の領主より早く渡道・移住を実現。

伊達邦成の指導力のほか、家老・常磐《ときわ》新九郎（のち田村顕允《たむらあきまさ》と改名）、新政府参議・広沢真臣《さねおみ》（長州出身）の尽力によるところが大きかった。

なお、伊達邦成は、仙台藩岩出山領主の伊達義監《よしかね》の次男で、亘理領主伊達邦実の養子となった。厚田郡当別町に移住した伊達邦直の弟に当たる人物である。

明治5年9月、移民は平民籍に編入された。失望した移民の中には、数年後募集された琴似・山鼻（いずれも札幌市）の屯田兵に応募した者も多い。

伊達邦成

●岩出山　伊達邦直　厚田郡移住

明治4年　43戸161人が渡道・入植。伊達邦直（岩出山領主の伊達義監の長男で、前述した伊達邦成の兄に当たる）が、率先して入植した。

初め空知郡で許可を受けたが、のち移住先を厚田郡シップ、当別へと変更。家老の吾妻謙《あがつまゆづる》が

広沢真臣

田村顕允

仙台藩亘理領ゆかりの旧岩間家農家住宅（北海道開拓の村。札幌市）

伊達邦直

吾妻　謙

活躍した。

邦直は郷里に帰り、180人余を連れて明治5年に出発。新旧移民を連れて当別に入った。

総戸数91戸360人であった。

●角田　石川邦光　室蘭郡移住

明治2年　移住許可を受ける。（室蘭郡）

3年　一部の者が移住したものの、集団移住の見込み無しと判断され、罷免された。

一部の者は亘理・白石のもとに参加して移住した。

石川邦光

泉　麟太郎

6年　泉《いずみ》麟《りん》太郎《たろう》が石川光親《みつちか》（邦光の弟）を連れて室蘭へ戻る。

14年　第2回移住者が泉麟太郎に引率され移住した。

20年　人員増、土地手狭のため、他の適地を探して、現在の栗山地町に適地を確保した。

23年　「角田村」（現栗山町角田）が誕生。

●白石　片倉邦憲　幌別郡移住

白石領の場合は、おおむね次のような経過を辿り、北海道への移住を実現している。

明治2年　白石の傑山寺で移住を議論の末、北海道移住を申請した。

栗山町開拓記念館・泉記念館
（北海道栗山町）

3年　幌別郡・室蘭郡の一部への移住を認められ、入植の準備を開始した。

4年　移住のため6百人余を率いて咸臨丸に乗ったが、函館に着いたあと、小樽へ向かう途中で船が座礁・沈没。その後、後続の船でようやく小樽に着いた。

この事件を経て、佐藤孝郷らは最月寒（現白石）に入植した。のちに開拓使の岩村判官の勧めで、入植地を「白石村」と命名した。

孝郷は子弟の教育のも熱心で、現白石小学校の前身「善俗堂」を創設した。また開拓使の役人や白石村戸長、札幌中央郵便局長などとしても、活躍している。

白石城本丸（宮城県白石市）

傑山寺（宮城県白石市）

佐藤孝郷と佐藤孝郷顕彰碑
（札幌・白石小学校校庭〜佐藤の創設した善俗堂の後身）

開拓使の岩村通俊開拓判官

三木　勉

一方、三木勉ら２４１人は、上手稲（現手稲区宮の沢）に入植して、この地域の開拓の基礎を作った。子弟教育にも熱心で、私塾「時習館」を創設した（現手稲小学校の前身）。三木は、のちに豊平村戸長などもつとめている。

●柴田　柴田意広・意成

一部の者が、亘理の者とともに北海道へ移住した。

「白鳥事件」（柴田領に進駐していた芸州藩士が、地元住民の崇めていた白鳥を殺し、これに激怒した柴田家家臣が、斬りかかった事件）の責任をとり、領主・柴田意広が自刃切腹した。

このため移住の藩論がまとまらないまま、明治3年以降、一部の家臣が亘理領の者とともに

柴田意広胸像
（柴田町白鳥神社）

渡道し、現伊達市舟岡などへ移住・入植した。

●涌谷領主　亘理胤元　空知・札幌郡割当て

●宮床領主　伊達宗広　同右

結局、涌谷・宮床の2人の領主やその家臣は渡道・集団移住しなかった。主に、財政的理由によるといわれる。

ただ、涌谷領の一部の者は、岩出山領士族の第3回移住に加わった者もいたようだ。

柴田城（船岡要害）三ノ丸入口（宮城県柴田町）

●水沢領主　伊達邦寧

家中の一部の者が札幌市の平岸地区に移住した。

江戸時代、岩手県南部の水沢市（現奥州市）の水沢城（一国一城令により水沢要害と名称を変更）には、仙台藩伊達氏一門の伊達宗利が入って、明治維新まで続いた。

戊辰戦争では、先に触れたように、仙台藩一門として白河に出陣したが、石切山などで敗れて17人の死者を出す。明治2年、伊達邦寧は旧姓「留守」氏を名乗っている。

水沢城（水沢要害）は、胆沢県庁として使用するため接収され、家臣たちは「陪臣」のため「帰農」を求められる。

このため、士分を保つべく家中一同、そろって北海道開拓に参加するべきとの意見が出されたが、領主邦寧は病身のため、極寒地の気候に耐えられないだろうとの判断から仙台に残留。吉田元俶、坂本平九郎らが、家中約200人を率いて渡道し移住した。

このとき築かれたのが、平岸村（札幌市豊平区）である。

移住先の「平岸《ひらぎし》」は、札幌市の中心から東南に位置する、アイヌ語で「ピラ・ケシ」（崖のはずれ）と呼ばれた旧豊平川の扇状地だ。

先住民族からの生活があったことは、その遺跡から知ることができる。農耕を持つ和人の定着は、明治4年、水沢領家臣と近郡農民62戸・202人の入植したことに始まるとされている。木の皮で覆った共同小屋に、筵《むしろ》を敷いた移民たちが、有珠道路に結ぶ道を刈り分け、密林に斧《おの》、鉞《まさかり》を入れたのが、村の夜明けである（『平岸郷土史料館作成の案内より』）。

明治2年　札幌・空知郡内で許可。しかし領主の同意を得られず、周囲が独自に移住を準備。

3年　先発隊が移住。

4年　2百人余が平岸に入植。

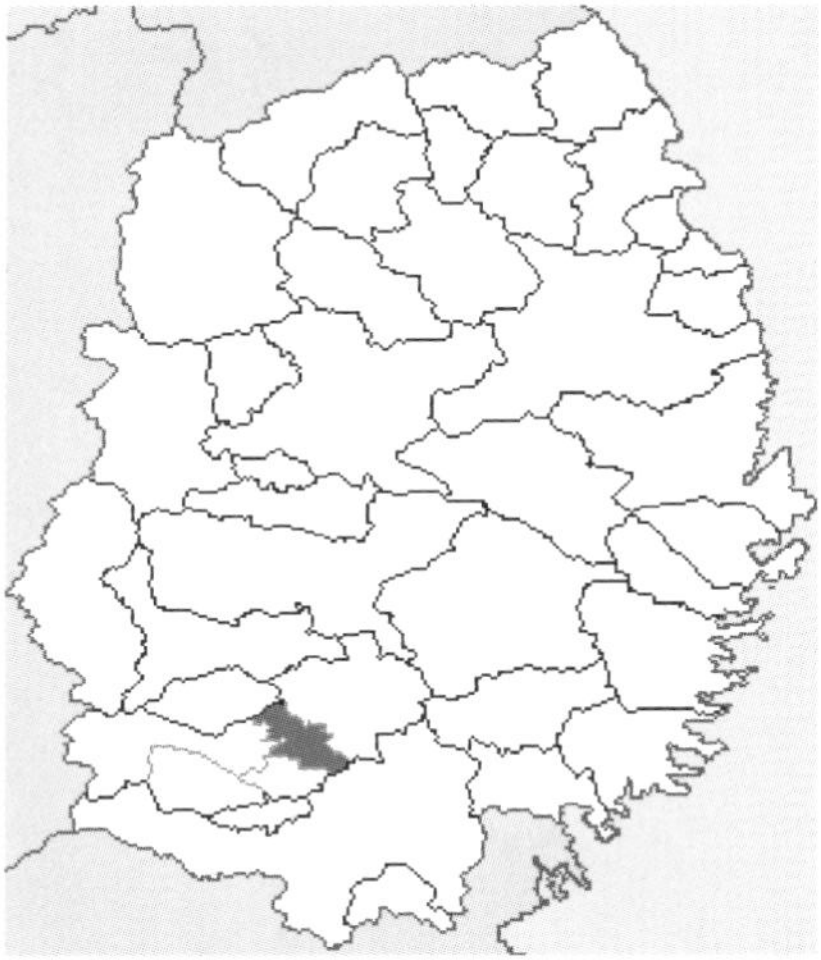

岩手県水沢市（現奥州市）

水沢城址の姥杉（岩手県奥州市）

4　米沢、盛岡、庄内各藩の処分と「その後」

(1)　米沢藩（慶応4年9月8日降伏）

新政府軍の幹部・谷干城（土佐藩）らが、米沢藩主・上杉斉憲《なりのり》の正室・貞姫《さだひめ》（土佐藩主・山内豊資《とよすけ》の3女）を通じて恭順を勧め、米沢藩はこれに応じて降伏した。その後は官軍として行動したので、米沢藩は4万石減封（14万7千石）で決着した。

〔トピック〕最近の話題～最後の米沢藩主・上杉茂憲、沖縄県政で名を残す

第13代米沢藩主・上杉茂憲は、明治維新後に伯爵・貴族院議員・侍従などを歴任した人物だが、彼は、明治14年（1881）、沖縄県令をつとめている。

上杉茂憲

このとき、沖縄全島を視察し善政を布いて、人びとの記憶に残る存在となっている。特に、沖縄県での人材育成に大きな功績があり、県費留学生の東京留学、各学校への私費での奨学金寄附などを行なった。

ただ、惜しいことに、それらの政策は当時の政府方針に反し急進的過ぎるとして、茂憲は2年で解任されている。

(2)　盛岡藩（慶応4年9月22日降伏）

慶応4（明治元）年9月25日、盛岡藩軍は降伏し、家老・楢山佐渡は戦争の首謀者として捕えられて、のちに東京に護送された。藩主父子も東京に召喚された。

12月17日、藩主南部利剛父子は領地を没収され、謹慎させられた。そのうえで、嫡子南部彦太郎（利恭《としゆき》）が旧仙台藩領白石13万石に

南部利恭

転封され、家名を継ぐことになった。

しかし、その後、領内で白石転封反対運動が起こるなどした後、翌明治2年7月22日には、70万両を献金して転封が解除され、盛岡復帰を認められている（石高は20万石から13万石に減封されている）。

なお、盛岡藩家老楢山佐渡は、明治2年6月23日、戦争犯罪人の責めを負い、盛岡・報恩寺においてとして刎首された。享年39。

〔トピック〕盛岡藩士族の札幌・月寒への移住

札幌市豊平区の月寒地区は、豊平区と白石区の境界沿いに広がる高台地で、明治35年（1902）に豊平村と合併するまでは、「月寒村」であった。

草分けは、明治4年に岩手県から移住した44戸185人である。『豊平町史』に掲載された岡田幸助氏の手記によれば、月寒開拓が盛岡藩の士族入植団によって進められたことがわかる。

移住・入植したのは、明治4年（1871）で、北海道移民の募集に来た開拓使の水野大主典から勧められ、旧盛岡藩の南部公も移民政策に賛同し、旧藩士にも勧めたという。

なお、前述の44戸の月寒地区への移民と同時に、円山地区に10戸、篠路に10戸、花畔《ばんなぐろ》地区に10戸、雁木《かりき》地区に20戸の移民団が入地している。

(3)　庄内藩（慶応4年9月23日降伏）

庄内藩は戊辰戦争後、石高が17万石格から12万石に減封となった。

その後、2度にわたり転封の命を受けるが、のち解除された。西郷隆盛らの判断で、比較的軽い処分にとどまる。

＊戦後、西郷崇拝のムードが高まる。

〔参考〕対照的に、過酷な処分を受けた事例

庄内藩鶴ヶ岡城址（山形県鶴岡市）

として、会津藩を別格としても、越後・長岡藩（9月23日降伏）の事例がある。長岡藩は、7万4千石から2万5千石に減封されている。

〔トピック1〕庄内藩が戦後に輩出した開拓使幹部〜松本十郎大判官

戦後の明治2年7月、新政府の北海道における現地支配機関・開拓使が発足した。その幹部（開拓判官、大判官）として、「負け組」のはずの庄内藩から藩士・松本十郎が起用され、多くの実績をあげた。

元薩摩藩士・黒田清隆が彼の人物を見込んで推薦したことが、彼の運命を大きく左右した。

〔トピック2〕旧庄内藩士の木古内町への移住

明治18年（1885）から翌19年にかけて、旧庄内藩士105戸が、開拓のため北海道の木古内町へ移住した。

松本十郎大判官

同町には、現在も旧庄内藩城下町「鶴岡」の名を冠した地名として、「鶴岡地区」が残されている。

そうした縁もあり、山形県の鶴岡市と木古内町は平成元年（１９８９）に姉妹都市の盟約を結んで、いろいろな地域交流が続いている。

また、盟約20周年記念式典には、木古内町から町長ほか関係者が出席し、鶴岡市側からは市長のほか旧庄内藩主・酒井家の第18代当主らも出席している。

5　秋田藩・弘前藩の苦悩と行動

(1)　秋田藩（佐竹義堯）の苦悩

新政府軍九条道孝総督、沢為量副総督、薩長筑豊肥5藩の藩兵らが、東北に進攻してきて、秋田藩校・明徳館に陣取った。

この既成事実を前にして、秋田藩の藩論が混迷し、新政府軍参謀・大山格之助らに、態度を明確にするよう詰め寄られた。

7月4日、秋田藩は、ついに奥羽列藩同盟（仙台藩）使者を斬り、藩主・佐竹義堯は、同盟脱退と討庄の先鋒を申し出た。しかし、その後の戦いは苦闘の連続であった。

戊辰戦争中、秋田藩では藩士の三分の二が戦乱で荒廃、人家の四割が焼失したといわれる。また新政府に従った多数の将兵や、新庄藩・本荘藩・矢島藩から逃亡して来た藩主・藩士の家族のまかないを、すべて秋田藩が負担することになり、推定総額67万5千両の戦費を消費した。

明治2年6月、新政府から秋田藩へ2万石が下賜されたが、これらは戦費・戦災に対して全く見合わない少額であり、藩士・領民には廃藩置県後も新政府に対する不信感が残った。

(2) 弘前藩（津軽承昭）、態度豹変

弘前藩も、戊辰戦争を前にして、藩論は混迷した。

7月5日、京都居留守役・西館平馬が近衛父子の密書持参で帰藩すると、弘前藩は態度を一変し、列藩同盟を離脱。新政府軍についた。

しかし、前述したように、野辺地戦争で戦死者49人を出した上に、熊本藩からの支援部隊に乗ったハーマン号が沈没。さらには箱館戦争の際に新政府軍の兵站基地の役割を担ったために、膨大な負担を強いられ、疲弊した。

戦後、黒石藩とならんで新政府より賞典禄を下賜されたが、出費を補うことができず、藩士に対する家禄の削減などを行って危機に対処せざるを得なかった。

6　その他の東北・越後諸藩の「その後」

〔トピック〕北越殖民社の移住例

新潟県から北海道へ集団移住した代表的事例としては、北越殖民社の移住がある。

戊辰戦争で奥羽越列藩同盟に加盟していた長岡藩（新潟県長岡市）は、この戦争に敗れて、石高は大幅に減封になった。このため領民の困窮は極まり、北海道開拓に生き残りを求めた。

そこで「北越殖民社」が創設された。主唱者のひとり大橋一蔵（新潟県蒲原郡の郷士）は、「萩の乱」に参加し終身刑を受けたが、北海道開拓を請願して特赦になり、明治19年（1886）、長岡町（現長岡市）に本拠を置く同社を創設。

6月、蒲原郡から最初の移住民10戸が江別に到着。江別市街地から石狩川上流約2キロ地点（越後村。現江別市江別太）に入植した。

その後、大橋は志半ばで死去したが、関矢孫左衛門（新潟県の新道村＝現黒姫村出身）があとを継いだ。

関谷は国会議員の職を投げ打ち、開拓者の先頭に立つ決意を固め、明治23年（1890）

6月、北越殖民社移住団を率いて現在の江別市野幌へ集団移住した。入植者は135戸・632人だった。

その後、野幌の地への入植は明治28年（1895）264戸・1、145人、同31年には320戸・1、550人と拡大していった。同44年（1911）には、二宮尊徳の唱える「報徳」農法を学び実践するべく「野幌報徳会」を設立している。

北越殖民社ゆかりの旧菊田家住宅（札幌市厚別区。北海道開拓の村）

7　東北諸藩出身屯田兵の北海道移住

東北地方から北海道へ移住した者のうち、屯田兵として渡道してきたケースについて、触れておきたい。

北海道の屯田兵制度は、明治初期に主として三つの目的―兵事軍備・士族救済・開拓―を兼ねた施策として構想され、明治7年（1874）に実現した。

この制度は、規律ある開拓を可能にし、一般国民による開拓の先導的な役割を果たしたといえよう。（注・士族救済＝士族屯田はのちに改正され、同23年（1890）以降は、募集の対象者を、平民にまで広げている。＝平民屯田）

明治7年6月、新政府は黒田清隆（元薩摩藩士）を陸軍中将兼開拓次官・屯田憲兵事務総理に任命し、屯田兵創設を命じた。翌8年には、開拓使に「屯田事務局」が設置されたほか、札幌の琴似《ことに》兵村に、最初の屯田兵が入植している。

また屯田兵制度は、ほぼ次のような変遷をたどっているといえよう。

①　第1期　創設・試験期

明治8年から同15年2月に開拓使を廃止し、3県が置かれるまでの間。

②　第2期　発展・成熟期

明治15年2月から同29年年5月までの間。

③　第3期　縮小期

明治29年5月から同37年までの間。

なお、著者は札幌市西区に事務局がある屯田兵研究団体「北海道屯田倶楽部」にも所属しているので、あえて記させていただくのだが、この団体のホームページ（倶楽部名をネットで検索するだけで見られる）には、屯田兵の制度、歴史、兵村名やその配置など、相当詳しい情報が蓄積されているので、活用されると参考になると思う。

屯田兵人形（信善光寺　北見市川東）

屯田兵村の配置図

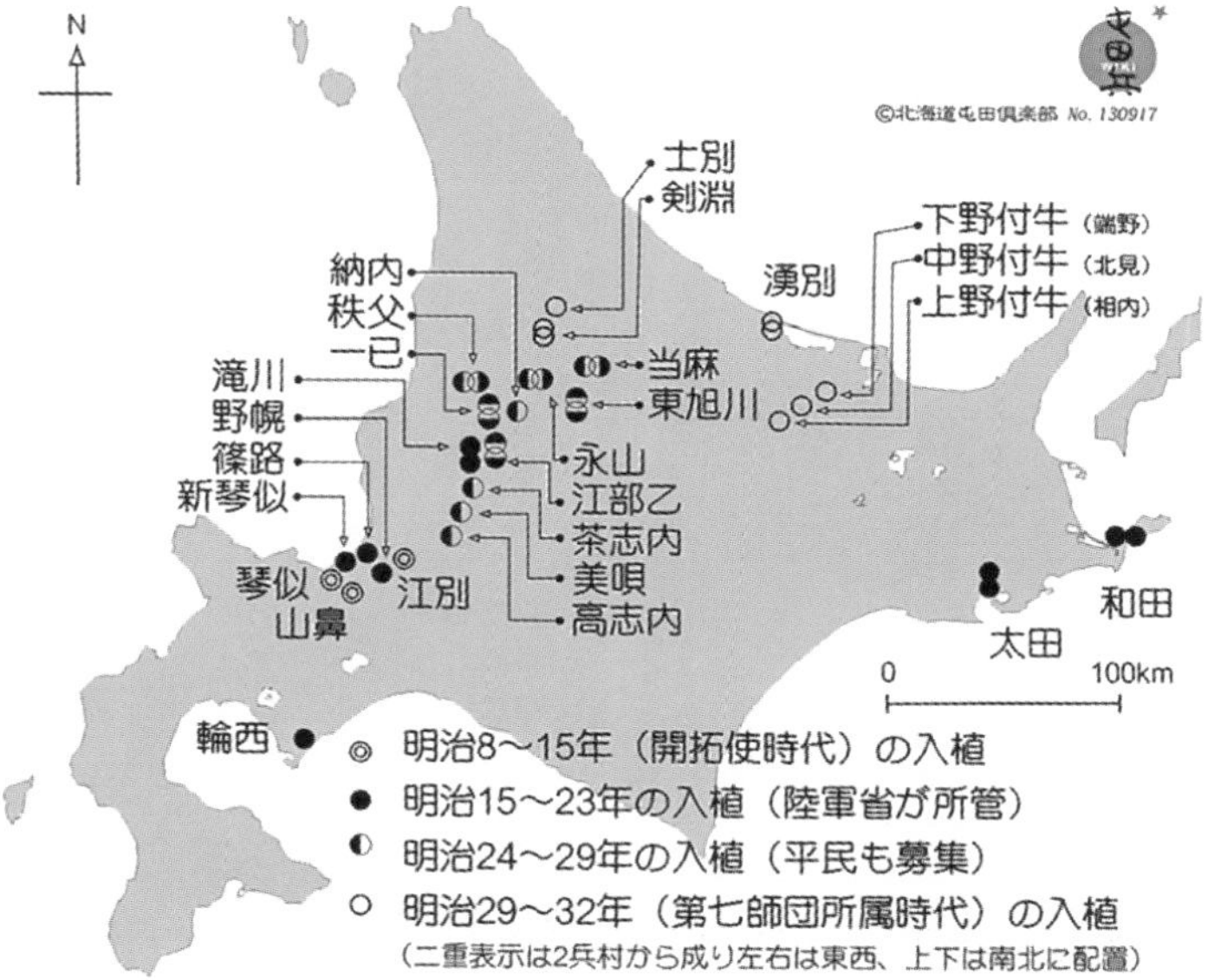
N
©北海道屯田倶楽部 No. 130917
士別
剣淵
下野付牛（端野）
中野付牛（北見）
上野付牛（相内）
湧別
納内
秩父
一已
当麻
滝川
東旭川
野幌
篠路
永山
新琴似
江部乙
茶志内
美唄
琴似
江別
山鼻
高志内
和田
太田
0
100km
輪西
明治8～15年（開拓使時代）の入植
明治15～23年の入植（陸軍省が所管）
明治24～29年の入植（平民も募集）
明治29～32年（第七師団所属時代）の入植
（二重表示は2兵村から成り左右は東西、上下は南北に配置）

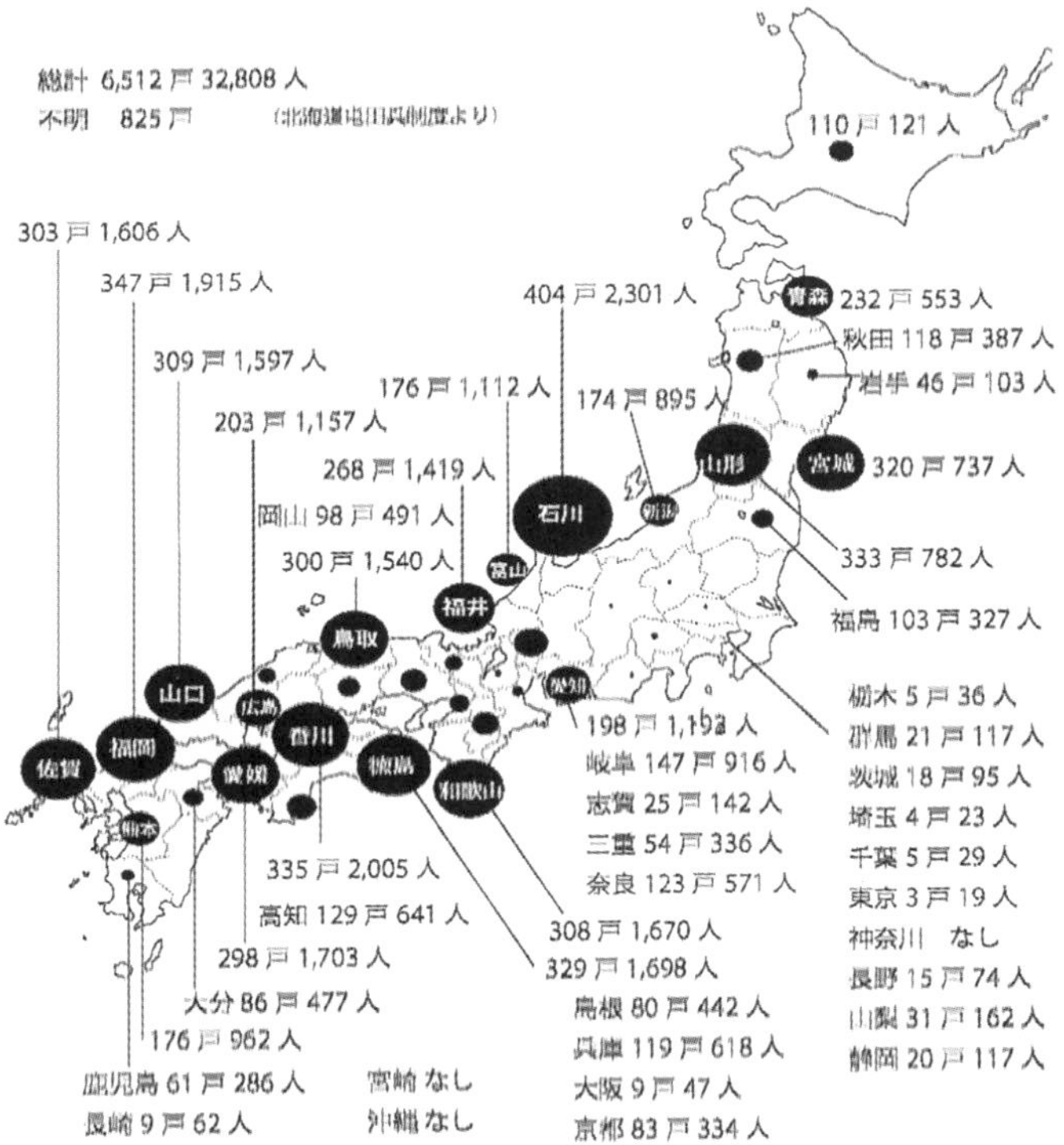

注・上原轍三郎『北海道屯田兵制度』による。

屯田兵のふるさと（原籍別）マップ

(1) 屯田兵（7、337戸・約4万人）の出身地ランキング

屯田兵の出身地別ランキングを示すと、以下のとおりである（関係分）。これを見ると、東北・越後出身者が多いとは言えようが、そう極端に多いわけでもないことがわかる。

（1位　石川県　404戸　2、301人）
＊2位　福岡県、3位　香川県、—略
4位　山形県　＊333戸　＊782人
6位　宮城県　320戸　＊737人
13位　青森県　232戸　＊553人
23位　秋田県　＊118戸　＊387人
25位　福島県　103戸　＊327人
32位　岩手県　46戸　＊103人
参考・新潟県　174戸　895人

注・＊印には、一部不明のものがある。出典：上原轍三郎『北海道屯田兵制度』

(2)　東北出身屯田兵の入植の期別変化（各県別）

東北各県出身の屯田兵の入植数や入植先は、時期により変化や特徴がある。その点を見ていくと、次のようになっており、総じて初期に東北出身者が多くなっている。

第1期（明治8〜23年）　＊**総じて東北出身者が多い。**

山形県　２６９人　　宮城県　２２９人　　福島県　１３２人
青森県　１０３人　　秋田県　73人　　岩手県　39人

＊入植先兵村…琴似（明治8、9年）・山鼻（9年）・江別（篠津含む。11、14、17〜19年）・東和田（19年）・南滝川（23年）・北滝川（23年）・南太田（23年）・北太田（23年）。

第2期（明治24〜29年）　＊**43府県に及ぶが、特に西南部からが多い。**

宮城県　62人　　青森県　59人　　山形県　54人
秋田県　41人　　福島県　30人　　岩手県　12人

＊この時期、入植地は石狩川上・中流を中心に拡大した。東北出身者に限ると、入植地は、

東永山（明治24年）・上東旭川（25年）下東旭川（同）・東当麻（26年）・西当麻（同）・美唄（24～27年）・高志内（同）・茶志内（同）・南江部乙（27年）・北江部乙（同）・東秩父別（28、29年）の各兵村。

第３期（明治30～32年）　**＊全国にわたるが、相対的に東北からの移住が増えている。**

山形県	１３１人	福島県	97人	宮城県	87人
秋田県	８人	岩手県	８人	青森県	５人

＊東北出身者の入植先は、主に上野付牛・中野付牛・下野付・南湧別・北湧別・南剣淵・北剣淵各兵村である。

（注）伊藤廣『屯田兵の研究』（同成社）より

(3)　会津・仙台両藩からの屯田兵移住

ア　明治初期の兵村入植者中、東北各県出身者の割合

●琴似兵村（札幌市北区。明治８～９年、２４０戸中）

福島県57戸（うち斗南藩士53戸、余市（斗南藩士）３戸、会津若松１戸）、宮城県１１３戸、

青森県8戸（斗南藩士を除く）・岩手県23戸（発寒含む）秋田県2戸・山形県9戸
参考・ほかに旧館藩11戸、北海道19戸

●**山鼻兵村**（札幌市中央区内。明治9年、２４０戸中）
青森県52戸・岩手県2戸・秋田県21戸・山形県8戸・宮城県１０３戸・福島県53戸
＊明治9年5月、有珠・伊達郡へ集団移住

山鼻屯田兵の銅像
（札幌市中央区の山鼻日の出公園）

琴似屯田兵村跡

琴似兵村配置図（抄）

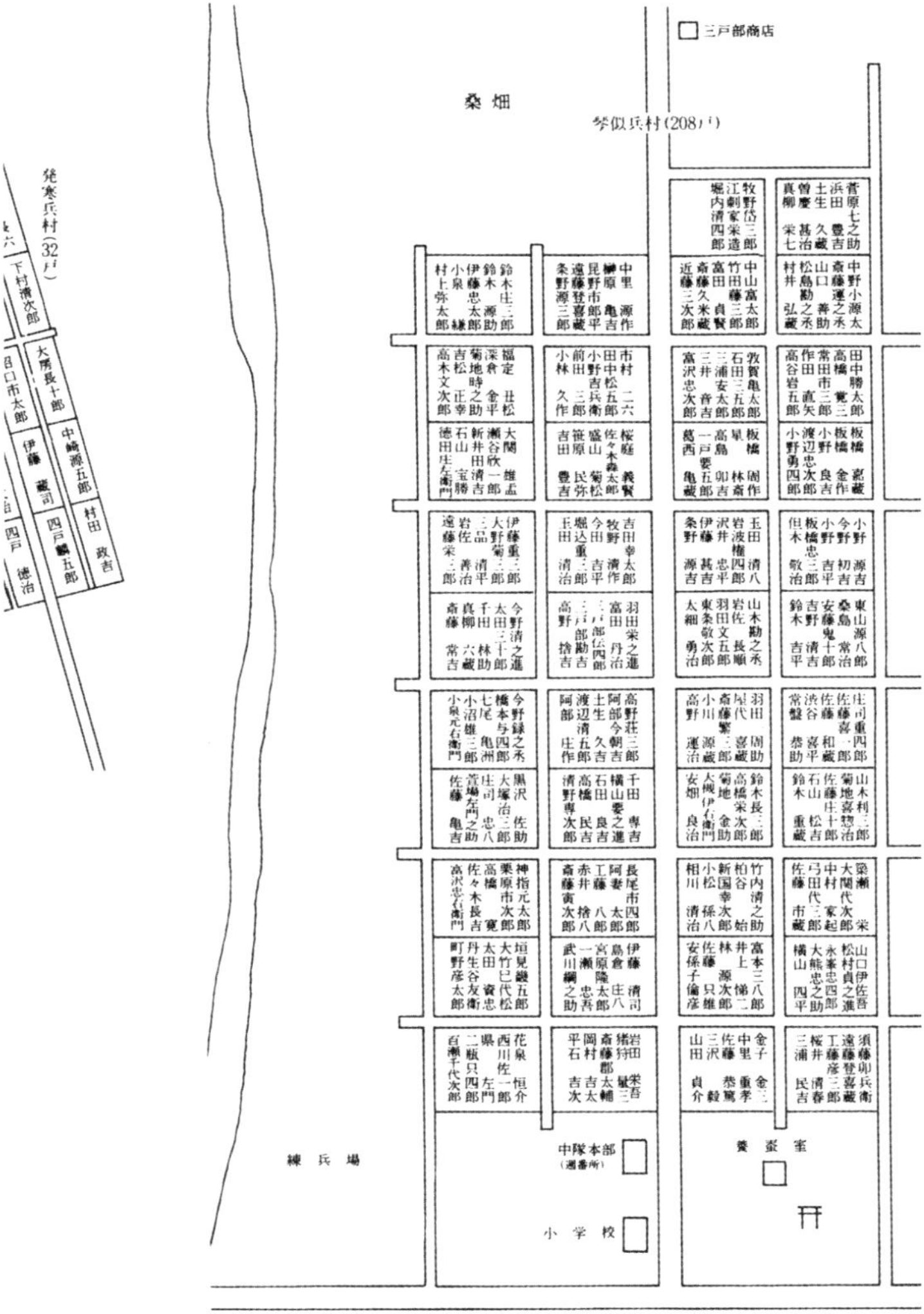

した亘理領の者の中から36戸・158人が、屯田兵募集に応募して、山鼻村へ入植したもよう。

●**江別兵村**（明治11・14・17年、220戸中）青森県22戸・岩手県14戸・秋田県18戸・山形県28戸・宮城県1戸・福島県22戸

＊初期の東北士族の屯田兵入植は、琴似・山鼻・江別各兵村に集中していた。

イ　琴似兵村及び山鼻兵村の屯田兵の出身県別内訳

琴似・山鼻両兵村（いずれも札幌市内）の屯田兵について、出身地を出来る限り明治前の藩地に遡って集計したのが、左表である。

こうして見ると、先発の琴似・山鼻両兵村

江別屯田兵村（江別市）

への入植者は、仙台藩が断然多く、次いで会津藩が多数を占めていたことがわかる。

なお、琴似については山田勝伴『開拓使最初の屯田兵』、山鼻については『山鼻創基八十一周年記念誌』によった。

兵員の出身地	琴似	山鼻	計	割合
仙台藩	117戸	104戸	221戸	46・9%
会津藩	55	53	106	22・5
弘前藩	4	52	56	11・7
盛岡藩	27	2	29	6・0
秋田藩	2	21	23	4・8
鶴岡(庄内)藩	9	8	17	3・5
その他本州	9	0	9	1・9
北海道	17	0	17	3・5
計	240戸	240戸	480戸	100・0%

〔トピック〕緋毛氈《ひもうせん》（泣血氈《きゅうけつせん》）と思われる布切れを、山鼻屯田兵の子孫宅から発見

会津戦争における会津藩の降伏式のことは、先に触れたとおりであるが、最近、札幌市在住の山鼻屯田兵の子孫宅から、降伏式の際、敷いたと思われる布切れが発見され、話題を呼んでいる（写真参照）。

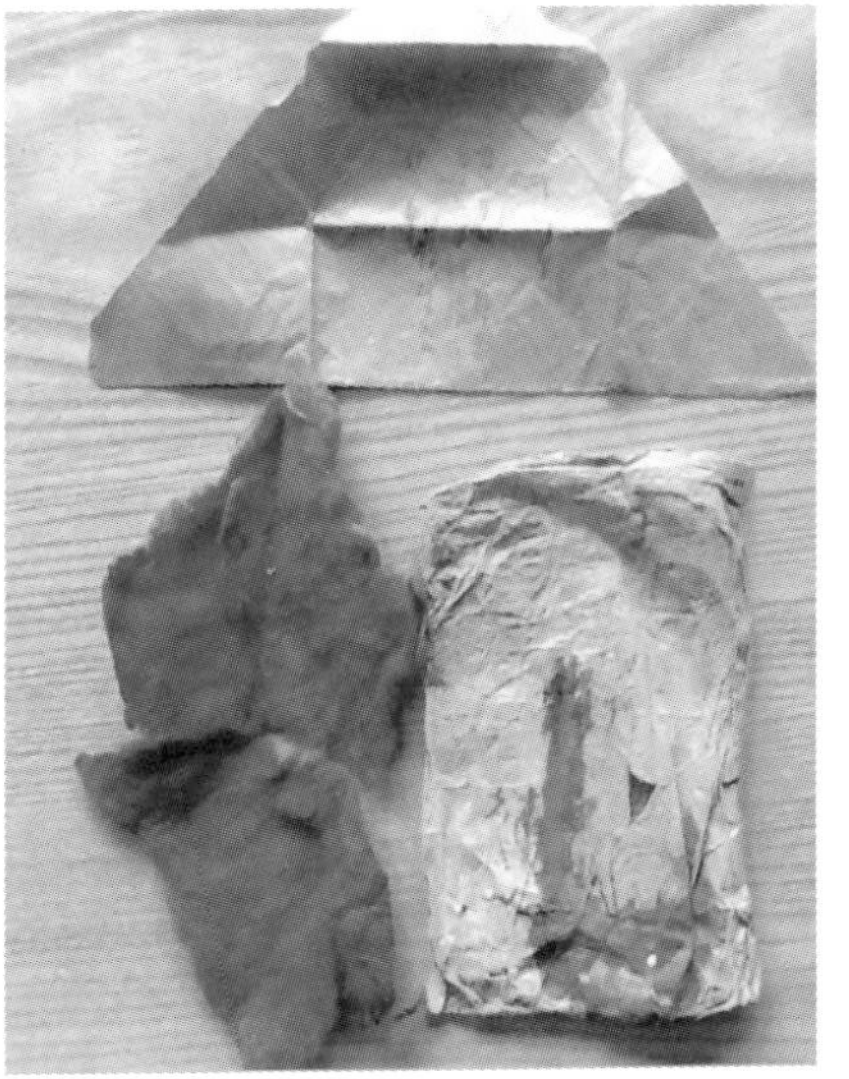

緋毛氈（泣血氈）と思われる布切れ

ウ　三澤毅、進撃隊士（甲長）として奮戦―のちに隊旗を携え屯田兵となり渡道

〔進撃隊士として奮戦〕

三澤毅《みさわつよし》（与八）（弘化元年〜明治24年。1844〜91）は、会津藩士三澤牧右衛門亮温の長男として、会津若松の城下町で生まれた。

慶応4年1月の鳥羽伏見の戦いに、会津藩諸生隊の一員として参戦するが、会津藩は敗走した。

8月、板垣退助らの率いる官軍が、若松（鶴ヶ城）城下に殺到。会津藩は急遽《きゅうきょ》「進撃隊」を組織し対抗、三澤毅もこの会津戦争に、会津藩進撃隊の甲長として参戦した。籠城戦に突入した鶴ヶ城への味方の入城路を確保し、敵の侵入を防戦した。進撃隊は夥しい戦死者が出て壊滅状態に陥るが、その後も毅は城外の佐川官兵衛指揮下に入って戦闘を続けた。

戦後、生き残った毅ら42人は、ともに越後高田城下・高安寺で謹慎した。その後、三澤一家は斗南藩大畑村に移住し、毅は斗南藩庁・斗南県・青森県庁へ出仕する。

三澤　毅

佐川官兵衛（中央）

さらに明治8年（1875）5月、毅は津軽海峡を渡り、開拓使が最初に設けた琴似屯田兵村へ屯田兵として入植した。このとき、彼はあの鶴ヶ城に翻った進撃隊旗も、肌身離さず携えて来たという。

その後の平成21年、同隊旗は令孫・三澤勝彦氏が鶴ヶ城天守閣の郷土博物館へ寄贈したようである。

〔屯田兵に応募し琴似へ〕

明治7年　黒田清隆のもと開拓使に「屯田兵」が創設され、屯田事務局が設置される。

8年5月　三澤毅が琴似兵募集に応募、家族とともに赴任した。大山重・初代事務局長（准陸軍大佐）らが出迎えた。

進撃隊旗

琴似屯田兵村

琴似屯田最初の共同開墾

琴似兵村では、第1大隊第1
中隊が編成される。
11月　毅はまもなく准陸軍伍長とな
る。
（＊翌明治9年、山鼻に第2中隊ができる）

〔当時の琴似兵村の入植状況〕

240戸中、福島県57戸（ただし、ほとんど
斗南藩出身）、宮城県113戸、岩手県23戸、
山形県9戸　など。

〔のちに西南戦争に従軍〕

明治10年　西南戦争で九州遠征で慰労金下賜
16年　准陸軍中尉
17年　中隊長心得
20年　准大尉・新琴似兵村の中隊長に昇
進＝異例の昇進を果たす。

琴似屯田兵村の下士官たち

西南戦争参戦時の屯田兵幹部

掘基本部長

黒田清隆中将

永山武四郎大隊長

〔トピック1〕当時の新琴似兵村の入植状況

明治20～21年建設、計２２０戸

ほとんどが九州、中国、四国など8県より入植～

佐賀県61戸、福岡県55戸、熊本県41戸、大分県19戸、徳島県17戸、岡山県15戸など。

三澤　毅

新琴似屯田兵中隊本部

新琴似兵村配置図（抄）

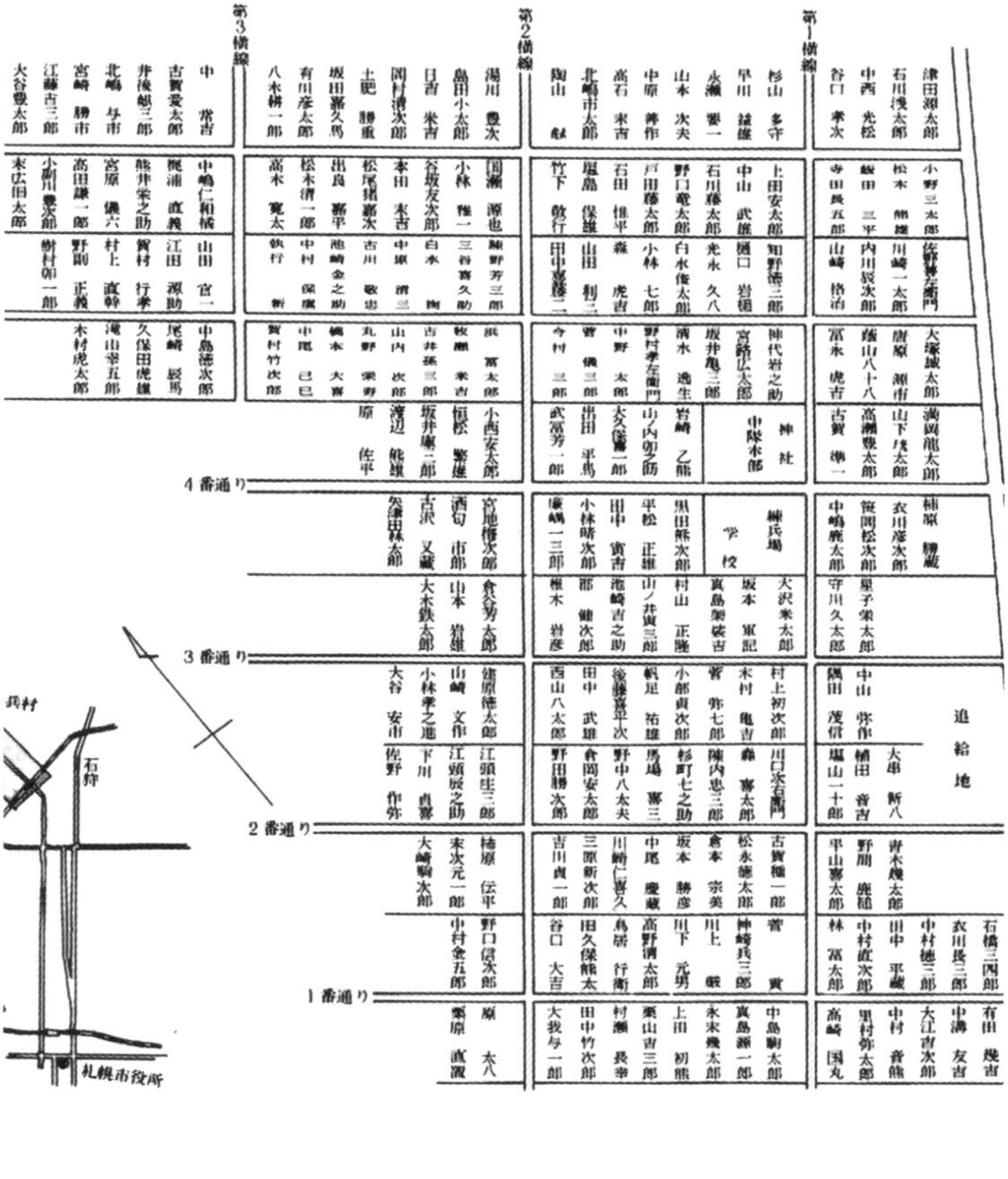

〔トピック2〕三澤毅は新琴似兵村の開村に貢献

明治20年　准大尉・新琴似兵村の中隊長に昇進
21年　監獄長
24年　予備役
12月　病のため没。47歳

〔トピック3〕道内の子孫宅で発見された「斗南士族の名簿」

平成30年7月24日付け「東奥日報」によれば、明治6年1月当時の斗南藩士族の名簿（「明治6年陸奥国北郡第十区各村貫属人別」）が、北海道・北広島市の子孫・三澤英一氏宅で発見され、話題を呼んだ。

明治3年10月の斗南ケ丘、松ケ丘（むつ市）の戸主名簿は知られているが、それ以外の明

治初期の名簿は初めての発見。家族構成、年齢など情報量も多く、子孫も知らなかった事実が書かれており、郷土史家も「非常に貴重な史料だ」と評価している。

〔トピック４〕『三澤日記』（『諸扣帳《しょこうちょう》』）を書き残す

最初の屯田兵として琴似兵村に入植、のち新琴似兵村で第３中隊長をつとめた三澤毅（１８４４〜91）は、晩年（明治22年11月17日〜同23年12月31日まで）の身辺雑事を『諸扣帳』に綴った。これが当時の琴似屯田の様子―実際の屯田兵生活を現在に伝える貴重な史料となっている。

なお、最近、札幌の北海道屯田倶楽部では、『諸扣帳』の全文を翻刻収録した『屯田兵日記〈翻刻版諸扣帳〉―会津藩士と琴似兵村の４１０日―』を刊行している。

(4)　屯田兵移住者の生活上の制約

屯田兵は軍隊式生活だった（徒歩憲兵の性格）。また、そのほかのキーワードをごく簡単に示せば、次のとおりであり、生活上、様々な制約を伴っていた。

・階級名例「准陸軍少尉」。月３〜４回の軍事訓練があった。

・戦時出兵（従軍）を伴った。
・家族の私生活も規制された。
・当初は「士族屯田」で、農耕不慣れだった。（「平民屯田」は明治23以降。）
・就業時間例：夏季（4月〜9月）午前6時〜午後6時まで11時間就業〜冬季（10月〜3月）でも9時間就業
・その他、井戸・風呂の共同使用、兵屋の狭さ・寒さなど。

(5)　東北出身屯田兵と西南戦争への従軍

明治10年（1877）2月、西南戦争がぼっ発した。鹿児島軍（西郷隆盛の指揮する軍。西郷軍）は鹿児島を出て、新政府軍の拠点、熊本城（九州鎮台）攻略に向かった。

3月、黒田清隆開拓長官は、西郷軍鎮圧のための征討参軍に就任し、新政府軍の一部を指揮して敵の背後を衝くため、八代付近（熊本県）に上陸して交戦。4月15日には熊本城に入城した。

しかし、23日には辞任し、これと入れ替わるように、配下の屯田兵の部隊が九州に遠征することになる。

4月、屯田兵に出征準備内命、堀基《ほりもとい》本部長・永山武四郎大隊長以下で屯田兵部隊による遠征軍を編成した。~第1中隊（琴似）244人・第2中隊（山鼻）239人など645人（九州入り後7百人弱）で「第一大隊」を構成）。

第一大隊兵員は東北出身者が多く、東北戊辰戦争の余燼もあって、士気が旺盛だった

〔トピック〕屯田兵の西南戦争参戦と事変など

西南戦争開戦直前、実質的に屯田事務局ナンバー2の存在であった永山盛弘准中佐（弥一郎。薩摩藩出身）が姿を消し鹿児島に帰郷。鹿児島軍の三番大隊長に就任するという事態が起きた。

4月15日、西南戦争に動員された屯田兵遠征隊所属の2人が、小樽の旅館・三宅屋で口論となり一方が射殺される。

永山盛弘

この事件は、小樽で遠征隊が九州へ向けて出発する直前に、船待ち中の間に発生した。発寒兵村の屯田兵（岩手県出身）が、兵村で隣同士であった別の屯田兵（岩手県出身）に発砲したものだった。

口論は、南部藩の秋田藩への攻撃を巡って起きたともいわれるが、詳細はわかっていない。犯人は西南戦争終結後の明治11年2月、銃殺刑に処せられた。

なお、当時の上司である中隊長の門松経文の監督責任問題も浮上した（門松はまもなく病死している）。

4月23日、屯田兵部隊は九州・熊本市に近い百貫石より上陸。新政府軍の別働第2旅団（司令官・高島鞆之助）に編入された。

以降、九州各地を転戦した（宇土→八代→人吉→吉田→宮崎県西部→同北部→佐土原→高鍋→都城→鹿児島）。

8月、旅団長より屯田兵に引き揚げ命令。～神戸寄港

西南戦争図

官軍上陸の地（熊本県八千代市日奈久）

高島鞆之助（別働第２旅団長）

後、船内でコレラが蔓延。のち14人の死者出た。

9月3日、東京で明治天皇が閲兵・慰労の勅語。

9月24日、西郷隆盛が城山で自決。～西南戦争が終結をみた。

＊元屯田兵准中佐・永山盛弘が戦死～敵軍（薩摩軍）に参加のまま戦死した（御船にて、39歳）。

西郷隆盛銅像
（東京都台東区・上野恩賜公園）

西郷隆盛

西南戦争凱旋後の明治12年、屯田兵第一大隊
（琴似・山鼻両兵村兵員主体）の勢ぞろい。第一大隊兵員は、東北出身者が多く、東北戊辰戦争の余燼もあって、士気が旺盛だった。（札幌農学校演武場落成式典の頃）

8　その他参考となる事柄

(1)　東北地方からの北海道移民(一般移民)は、一貫して多かった

〔東北地方からの一般移民戸数①（明治15～昭和10年)〕

東北地方からの一般移民は、全国の都道府県の中でも、とりわけ多いということができよう。その順位と戸数を示すせば、次のとおりである。

１位　青森県　６８、８５３戸　　２位　秋田県　６４、０６７戸
４位　宮城県　５１、８３１戸　　７位　岩手県　４０、３１８戸
８位　山形県　３９、００９戸　　９位　福島県　３２、１２２戸

〔東北地方からの一般移民戸数②（明治33～同42年)〕

東北地方からの一般移民中、明治33～42年間に至る10年間に出した移住者数とその順位を示すと、次のようになっており、やはり多いといえる。

４位　青森県　４、６０８人　職業は種々で、特に農民が多い。

5位　秋田県　4、327人　職業は種々で、漁民が多いことでは府県中第2位。
6位　宮城県　4、177人　七割は農民で、農民の数の多さでは府県中第2位。
8位　山形県　2、921人　六割は農民、四割は漁民その他雑業。
9位　岩手県　2、872人　農民が多いが、商工業その他も少なくない。
10位　福島県　2、538人　七割は農民。

(2)　東北からの移民は、移住先に郷里にちなむ地名を冠し懐かしんだ

(出身県)	**(道内地名)**	**(所在地及び入植時期)**
宮城県	伊達(市)	伊達市：明治3年仙台藩亘理領より有珠郡へ入植
	白石(区)	札幌市白石区：明治3年仙台藩白石領より入植
	角田地区	栗山町：明治21年仙台藩角田領より入植
山形県	鶴岡地区	木古内町：明治18～19年、旧庄内藩士105戸が入植

＊木古内町と山形県鶴岡市は、姉妹都市の盟約を結んでおり、学校同士の交流などがある。

(3) 開拓民は、厳しい開墾生活を耐え抜いた

ここでは、北海道移民一般に共通する話題として、開拓当時の暮らしぶりの一端を紹介しておきたい。

筆者としては、ここまで書き進めてきた移民史のソフトな部分を補充する、「奥行きを深める」必要性のようなものを感じて、限られた紙面ではあるが、あえてこの項を書き加えたしだいである。

ア 開拓地の食生活

屯田兵や移民会社、大農場による召募に応じて北海道へ団体移住する場合は、十分ではないにしても、入植後の一定期間、米や雑穀が支給されることがあった。

しかし、その他の移住―単独移住など大部分の移住者は、こうした恩恵に浴することはなかった。基本的に他人を頼れず、すべてを自力でやるしかなかったということだ。

開墾は自分らの食料とする作物を植えることに始まり、稗、粟、麦、蕎麦など荒れ地に強い作物を植え、秋にわずかな収穫を得たとしても、翌年の種子分も残らないような有様だっ

た。そのため、ゼンマイ、ワラビ、ウドなどの山菜や、近くで獲った川魚などで飢えを凌ぐことが必要だった。

また、食器や炊事用具も少なく、当時の移住案内から見ると、鉄鍋大小各1、飯椀5個、汁椀5個、鉄瓶1、手桶1といったものだが、これすら揃えられない家庭が多かった。食生活にも見るべきものがなく、味付けも塩だけというようなことも少なくなかったようだ。また、貧しい食事だったので、病気で死亡する者も多かった。

農作物の収穫がいくらか増えても、農具や衣類を買うお金も必要であり、換金できる豆類などを売らなければならず、手元にはあいかわらず雑穀などが残るだけだった。

したがって、開拓地の農村では、石臼やこね鉢など雑穀や粉食の調理具が、食生活用具の中心になっていたという（これらの用具さえも商店から購入できることは少なく、石臼を無尽講でようやく手に入れたり、付近の木を倒して鉢を作ったりしたようだ）。

このような食生活も、開拓が進むにつれて徐々に改善され、米を食べる比率が増えていく。調味料も、はじめは塩だけだったのが、大豆の収穫によって味噌が作られるようになり、交通運輸の発達によって内陸の農村にも魚などが入手できるようになる。

全般的にみて、いくらか農村の食生活が良くなるのは、北海道の農村でも稲作が本格的に行なわれた明治後期頃からなのである。

イ　住生活

開拓使は生活改善を考え、欧米にならって石やレンガで家を建て、ストーブをつけることを奨励した。

しかし、学校や官庁の建物はともかく、一般に普及するまでには至らず、寒冷地である内陸の開拓地においても、あいかわらず開放的な和風の家屋が建てられていった。

しかも開拓地では、屯田兵のように、入植後に住む家屋が用意されている場合はごく稀で、大抵は入植と同時に自分の家を建てなければならなかった。

明治29年（1896）刊のガイドブック『北海道移民必携』には、「3・4月のころは雪が消えていないので、手近な木材を切って三角形に組み合わせて、むしろで囲って風や雪をしのぐ。だんだんと雪が消えたら、枯れ草を刈り、木を切り倒して小屋の四隅に丸太を埋め立てる。周りや天井に細い木をちょうどよく取り付けて、ササやカヤなどの草で屋根をふき、周りを囲う」（意訳）とある。

移住者たちは、付近に生えている樹木やその枝などで「拝み小屋」と呼ばれる一時雨露を凌ぐ小屋を作った。その後、「着手小屋」とか「開墾小屋」と呼ばれる小屋を建てたが、これにしても、直径20～30センチぐらいの丸太をそのまま土に埋めて柱とし、これを中心に木の枝などの細木で家組を作り、屋根や壁はクマザサやカヤを用いた、ごく粗末なものだった。

家の中は1棟1室で、入り口に近いところ3分の1ぐらいは土間で、残りに枯れ草などを敷き、その上にむしろを並べる程度だった。部屋の中央には炉が切ってあり、薪を燃やして炊事をしたが、煙が部屋に充満するという有様だった。

入り口はむしろを下げただけ。雨が降れば雨が、月夜には月の光が漏れる。冬の夜には風が吹き込むので、ふとんにもぐりこんで寝ると、ふとんの上に吹き込んだ雪が積もるという厳しい暮らしも多かった。

『北海道移民必携』
（明治29年刊。北海道協会支部編纂）

話が横道にそれるが、筆者は昭和23年当時、5歳のときに、福井県坂井市の実家にいて福井地震（約3千7百人が死亡したと記憶している）に遭遇。突然に家屋が全壊してしまい、それからしばらくの間は家族ともども自前で建てた掘っ立て小屋生活を経験した。

その経験からして、未開の原野、それも寒冷地北海道に、家族ともどもごく限られた衣料・食料その他の生活用具しか持たないで、徒歩主体で入植した移民たちのことを思うと、その心境がいくらかは理解できる気がしている。

ともあれ、開拓が進むにつれてこのような状況もしだいに改善され、故郷の様式に従った和風の家屋を建てる者が多かったが、こう

開拓小屋（北海道開拓の村）

した家屋は防寒性に乏しく、土地に適したものとは言えなかった。

だが、その後、しだいに寒さに対する工夫も見られるようになり、トタン屋根、ガラス窓、ストーブの比較的早い普及などが、北海道の住まいの特徴となっている。

ウ　教育のあゆみ

入植直後の北海道の開拓地でも、移民たちは総じて子弟の教育には熱心で、村がつくられると先ず、学校が建てられた。

寒い冬の日にも。子供たちは胸までつかえるような雪をこいで学校に通った。

ただし、詳しくいえば、道内でも比較的早くから開けていた松前地には、江戸時代から藩校や寺子屋などの私塾があった。また、明治5年（1872）には学制が発布され、学校教育が行われるようになった。

北海道でも開拓使に「学務局」が置かれ、明治8年（1875）頃から札幌、函館、小樽などの都市部を中心に、しだいに小学校が建てられるようになった。

しかし、開拓当時の農漁村では人口も少なく、社会状態も安定していなかったことから、他の府県と比較すると、学校の設立が遅れた地方が多かった。

特に開拓地では学校の設立に関して変則的な形をとることが多く、初めの頃はわずかの生徒を集め、粗末な草葺きの家を校舎とした簡易教育所での教育が多かったようだ。ある古老の話によると、「開校当時の校舎は茅葺き掘っ立て小屋の茅垣、土間という校舎で、その広さ25平方メートルくらいの中央に大きな炉を造り、机といえば杭を立ててその上に板を打ち付け、動かないようにしたもの、腰掛けもその机に合った同じ仕掛けのもので、炉には暖をとるため薪を焚くという教室だった。教科科目は修身、読み方、書き方、算数だけ。ノートもなければ鉛筆もなか

時習館記念碑

（仙台藩白石領から札幌市上手稲（現在の手稲区宮の沢）に入植した三木勉の創設した私塾。手稲東小学校の前身）

った」（五十嵐重義箸『鍬と斧』）という状態が長く続いたのだ。

また、農漁村では家族全員が仕事に従事しなければならず、赤ん坊の子守りは子供の仕事とされていた。子供たちは弟や妹をおぶって学校へ通い、赤ん坊をあやしながら勉強していた。このことを、〝子守り学級〟などといっていた。

しかし、開拓が進むにつれて生徒数も増え、しだいに整備されていく。大正期から昭和初期になると、村で一番大きく立派な建物は学校だといわれるようになった。

この頃になると、運動会、学芸会など学校の行事が、村全体の行事となるまでに成長し、運動会の前日には、父兄が良い席を取り合うような華やかな行事となったようだ。

エ　駅逓所の存在

「駅逓」（えきてい。旧字体は驛遞）とは、人口希薄で交通不便な蝦夷地（北海道）の宿泊や運送・通信などの利便を図るため、江戸時代から設けられていた制度である。幕府により人馬を備えた駅舎を設けられ、和人地では村方役人や場所請負人が業務に当っていた。

明治時代の初め頃には「運上屋《うんじょうや》」・「会所《かいしょ》」・「通行屋《つうこうや》」・「旅宿所《りょしゅくしょ》」などと称された駅逓業務扱い所は、道内全体で126カ所あったという。

明治2年（1869）に場所請負制が廃止されたとき、開拓使は運上屋・会所を「本陣《ほんじん》」と改称し、駅逓業務を開拓使に直結させた。同5年、本州では本陣の制度が廃止されたが、北海道では本陣は「駅場」、さらには「駅逓扱所」、「駅逓所」と称され、北海道独自の「駅逓制度」が整備されていく。

明治15年（1882）、開拓使が廃止されたときには、道内に112カ所もの駅逓所が整備されていたというが、一般に道南地方や全道の海岸線に片寄り、その他の内陸地方などには比較的希薄だったと思われる。

さらに、同28年の官設駅逓取扱規程、同33年の駅逓所規程などによって、辺地の交通・通信補助機関としての官設駅逓所制度が成立

旧島松駅逓所

（北広島市。国指定史跡。北広島市教育委員会）

されていった。

基本的に1郡に1駅があって、隣の駅逓所との距離は4里から5里、だいたい十数キロといったところだったという。駅逓所は、開拓の進展に合わせて新設・廃止されていったのだが、ピーク時には道内に約6百カ所余が置かれたらしい。全廃されたのは、昭和22年（1947）のことである。


要するに、駅逓所は明治期から昭和初期まで、辺地の交通補助機関として旅する人びとの宿泊・人馬継立・貨物の運送や郵便の取扱いなどのサービス業務を担って来たのであり、その運営者は駅逓取扱人（半官半民・請負制）であった。駅逓所には馬が数頭常備されて、人足も数人いて次の駅逓所まで送り届けてくれた。

こうしてみてくると、駅逓所が、これから家族たちを伴って奥地――特に内陸地方へ入植しょうとしている移民たちにとって、どれほど助かる存在であっただろうか…。筆者がこのことを強く感じたのは、高畑利宜《としよし》（1841〜1922。京都生まれ）という人物の存在を知ってからである。

利宜は、開拓使・会計検査院・北海道庁などに出仕して活躍、とりわけ上川開発や上川道路の建設などには、目覚ましい貢献をした人である。

しかし、利宜はこれだけにとどまらず、この地方に入植していく移民たちの便宜を図ろうと考え、かつこれを実践したのだった。具体的には、官吏を退いて民間人に転身、滝川に拠点をおいて活動しながら、岩見沢（岩見沢市）・奈井江（奈井江町）・空知太（滝川市）・音江法華（深川市）・忠別太（旭川市）の5カ所に駅逓所を開設して、その責任者となる。

今では想像が難しいくらい人口希薄だった上川方面などへ、家族を伴い入植していく移民たちは、未知の原野に対する不安感などにさいなまれながら、やって来たことだろう。

その彼らが、利宜の経営する駅逓所に宿泊し、食事を提供してもらい、ときに馬を借り、そして何よりも彼の口から入植地に関する詳しい知識・情報を教えてもらうことができた。このことで、どれほど不安を和らげられ、かつ勇気づけられたことだろうか…。


道央では、北広島市に残る「島松駅逓所」跡もよく知られているが、この駅逓所は、かつてこの辺りの篤農家で寒地稲作の先駆者でもあった中山久蔵（1828～1919。大阪府出身）の旧宅でもあったところだ。

現在のような、鉄道路線や道路網、そして交通機関が未発達だった開拓時代にあっては、駅逓所は実に大きな役割を果たし、移民たちにとって頼りになった貴重な存在だったのである。

終わりに

冒頭部分でも述べたが、東北戊辰戦争で敗者となった会津・仙台・庄内など東北諸藩の士族たちは、生きるために北海道開拓に身を投じ、そこに新しい郷土を築いた。

一方、士族に限らず、北海道移民には、第一に東北地方、第二に北陸地方からの者が多かった。うち、屯田兵として入植した人びとの生活は、家族共々軍隊式規律に縛られ楽ではなかったし、その他の移民（団体移住・個人移住）にいたっては、公的な支援がほとんどないまま、自らの手で原野を切り拓く、という苦労を味わった。

こうした先人の苦労を偲び、顕彰する意味も含めて、筆者はこれまでに本稿の内容を、朝日カルチャー講座、江別市民会館講座、北海道屯田兵倶楽部や北海道龍馬会での講演の場などで話してきたところであり、本書はそれらの内容を整理し、まとめたものである。

筆者はふだん、歴史の講座を定期に主催しながら、歴史を切り口にしたノンフィクションの本を書き、かつ語ることを生きがいとし、特に道内外の各地の公共図書館に著書を寄贈して、多数の方々に読んでいただくことを重視してきた。

書く内容、テーマについてであるが、最近は自らが道外（福井県）出身者であるせいか、道外からの北海道への移民の歴史に関する著述が多くなった。本書も広い意味では、東北地方からの北海道移民史に関する著作だと認識している。


20歳代の初めに北海道との縁《えにし》ができ、この地を第二の故郷と定めてから、早いもので60年余の月日が経ったことになる。

年齢もついに80歳の大台を超えたので、「節目」という気持ちもありこの本の刊行に踏み切った次第である。この機会に、これまで常に自分の執筆活動を支えてくれた家人と、北海道出版企画センターの野澤緯三男氏に、あらためて謝意を表して筆を擱きたいと思う。

〔参考〕敗者の明治維新と北海道移民・屯田兵略年表

慶応4年（1868。明治元年）

1月　鳥羽伏見の戦いぼっ発（3日。戊辰戦争始まる）。徳川慶喜追討令（7日）

2月　慶喜、寛永寺に閉居（12日）。東征軍大総督有栖川宮熾仁親王進発（15日）。仙台藩に対し、盛岡・米沢各藩より、非常の際は仙台藩の指揮に従うとの申し入れ（18日）。この前後、他の東北初藩からも同種の申し入れあり。

3月　九条道孝奥羽鎮撫総督、仙台に入り、養賢堂を本営とする（23日）。

4月　新政府軍、江戸城入城。慶喜、水戸へ退く。幕臣榎本武揚が軍艦8隻を率いて脱走。会津・庄内両藩の軍事同盟成立（10日）。箱館裁判所設置（12日。のち箱館府と改称）。沢為量奥羽鎮撫副総督ら、庄内征討のため出羽へ向かう（14日）。薩長兵が庄内藩領・清川を攻撃、奥羽で最初の戦火（24日）。仙台・会津・米沢各藩代表が会津の謝罪嘆願について密談（29日）

閏4月　庄内藩攻撃で天童落城（4日）。総督府、仙台藩に庄内藩征討を命じる（10日）。白石で奥羽列藩会議。14藩代表が出席。米沢藩主・上杉斉憲、白石で仙台藩主・伊達慶邦に会い、会津救済を議する（11日）。東北24藩の家老、連署して同趣旨を総督府へ歎願する。

仙台藩兵が福島で新政府軍参謀・世良修蔵を斬首（20日未明）。会津藩兵らが白河城を占領（20日）。新政府軍が上越国境の三国峠を突破（24日）。白河城を新政府軍が攻撃するが敗退（25日）。

5月　新政府軍が白河城を奪取。会津・仙台などの同盟軍は戊辰戦争最多の7百人が戦死。沢為量鎮撫副総督、新庄を脱出し秋田へ向かう（1日）。小千谷で長岡藩の河井継之助が新政府軍先鋒軍監・岩村精一郎に談判するが、決裂（2日。翌日長岡藩は開戦を決意）。奥羽列藩同盟が成立、奥羽25藩が加盟（3日。のち越後6藩が加わり「奥羽越列藩同盟」に発展）。新政府軍が榎峠を占領（3日）。長岡・会津などの同盟軍、榎峠・朝日山を占領（10日）。九条道孝鎮撫総督ら、仙台を脱出し盛岡へ向かう（18日）。長岡落城（19日）。

6月　平潟に新政府軍上陸（16日）。棚倉落城（24日）。新政府軍、泉藩陣屋を占領（28日）。同軍、湯長谷藩陣屋を占領（29日）。

7月　九条総督らが秋田に入り沢副総督と再会（1日）。秋田藩士が仙台藩の使節一行を斬殺（4日。秋田藩は同盟を離脱）。秋田軍など新政府軍が新庄領へ進出（11日）。平城落城（13日）。庄内藩の攻撃で新庄落城（14日）。同盟軍の白河奪還攻撃が失敗、以降、組織的な白河攻撃ができなくなる（15日）。同盟軍、長岡城を奪還（25日。河井継之助は重傷）。新政府軍、太夫浜（新潟）に上陸、新発田藩寝返る（25日）。三春藩降伏（26日）。三日市藩が降伏、矢島陥落（28日）。二本松落城、少年隊が多数戦死。新政府軍が新潟を占領、長岡を再奪還（29日）。

8月　三根山藩降伏（2日）。相馬藩、密かに降伏の使者を派遣（4日）。村松藩降伏（5日）。本荘落城、亀田藩が庄内藩に降伏（6日）。盛岡藩、秋田領へ侵入（9日）。黒川藩降伏（10日）。村上藩降伏、横手城落城（11日）。秋田軍と盛岡軍が激戦（12日）。新政府軍母成峠を突破（21日）。猪苗代落城、盛岡軍の攻撃で大館が落城（22日）。新政府軍、会津若松城下へ侵入、白虎隊士が飯盛山で自刃（23日）。榎本武揚の旧幕府軍艦隊、松島湾へ到着(26日)。秋田軍など新政府軍、荷上場で盛岡軍を撃退。以降反攻に転じる(27日)。鶴ヶ城から会津藩兵千人が出撃、大敗北（29日）。

9月　明治改元。新政府軍、大内峠を突破（1日）。米沢藩降伏（2日）。秋田軍が大館を奪回。仙台藩降伏（11日）。会津藩降伏（22日）。庄内藩降伏（23日）。

10月　榎本武揚らが箱館五稜郭を占領（12日。蝦夷島政権を樹立）

11月　松前城落城

明治2年（1869）

3月　新政府軍約7千人が青森に集結

4月　新政府軍が道南の乙部へ上陸。松前城奪回

5月　蝦夷島政権崩壊（官軍に降伏。戊辰戦争終わる）

7月　蝦夷地に開拓使を設置（長官に鍋島直正が就任。箱館府廃止）。

8月　蝦夷地を北海道と改称、11国86郡を置く。北蝦夷地を樺太と改称。

9月　東京で謹慎中だった旧会津藩士の一部（約2百戸・7百人）が、北海道・小樽へ移される（〜10月）。

10月　開拓判官島義勇、札幌本府建設に着手

11月　旧藩主・会津松平家の再興が認められ、陸奥国旧南部領内に新たに3万石の領地を与えられ、「斗南藩」と称した。開拓使、移民扶助規則を制定

3年（1870）

斗南藩に北海道の一部が分領され、旧瀬棚村（せたな町字本町）に5戸16人が入植。兵部大丞黒田清隆が開拓次官（樺太専務）に就任。仙台藩亘理領主・伊達邦成主従が渡道し、有珠郡伊達町に移住。樺太開拓使設置（翌年、開拓使に併合）

4年（1871）

廃藩置県。館藩を廃し館県を置く（9月、弘前県へ併合）。明治2年に小樽へ入植した旧会津藩の移民団が、余市郡へ入植し、黒川・山田村を開拓

5年（1872）

開拓使、北海道土地売貸規則・地所規則を制定。仙台藩岩出山領主・伊達邦直主従が石狩郡当別町へ移住

6年（1873）

札幌本道完成。地租改正条例公布

7年（1874）

新政府が屯田兵制度を創設。陸軍中将兼開拓次官黒田清隆、参議兼開拓長官に就任。屯田憲兵例則を制定。移住農民給与更生規則制定

8年（1875）

樺太・千島交換条約。屯田兵入植が始まる。最初の屯田兵198戸が札幌郡琴似村に入地（うち旧会津藩士は57戸）。樺太アイヌ841人を宗谷（のち対雁）に移住させる。札幌に屯田事務局を設置

9年（1876）

旧会津藩士53戸が、札幌郡山鼻に入植。北海道地券発行条例を制定

10年（1877）

西南戦争起きる。黒田清隆開拓長官、鹿児島軍（西郷軍）鎮圧のための征討参軍に就任。

11年（1878）

屯田兵に出征準備内命。堀基本部長以下で屯田兵部隊による遠征軍（屯田兵大隊）を編成。九州・熊本市に近い百貫石より上陸。九州各地を転戦し鹿児島から戻る

12年（1879）

尾張徳川家家臣が渡道し八雲村を開く

14年（1881）

幌内炭山開坑

樺戸集治監開庁

15年（1882）

開拓使廃止。函館・札幌・根室の三県を設置。屯田兵は陸軍省へ移管。札幌～幌内間の汽車運転式。黒田清隆内閣顧問が、新政府に士族移住を提言

16年（1883）

農商務省に北海道事業管理局を設置。函館・札幌・根室三県が各移住士族取扱規則を布達。北海道転籍移住者手続を制定（太政官布告）。移住者農民給与更生規則・北海道送籍移住者渡航手続を廃止

17年（1884）

福島県士族20戸が札幌郡江別に入植。占守島から北千島アイヌ97人を色丹島へ移住させる。鳥取から第一次士族移住団体が釧路へ入地。岩見沢に官営士族移住。

18年（1885）

屯田兵条例を公布。屯田兵本部を札幌に設置。屯田兵大増置

19年（1886）

三県一局を廃止。北海道庁を設置、岩村通俊が初代長官に就任。北海道土地払下規則制定。大規模土地処分に伴う殖民地選定・区画事業に着手。北越移民社設置

21年（1888）

永山武四郎、屯田兵本部長兼北海道長官に就任。大農場誘致の勧告文配布

22年（1889）

函館・江差・福山に徴兵令施行。北海道炭礦鉄道会社設立。奈良県十津川村の洪水罹災民が渡道・移住。三条実美らが雨竜郡一帯に未開地5万町歩の貸付けを受ける。屯田兵条例改正。屯田兵本部を屯田兵司令部と改称

24年（1891）

三カ年で上川原野に6兵村が誕生（～26）

25年（1892）

道庁、団結移住に関する要領を定めて府県に照会

27年（1894）

日清戦争ぼっ発

28年（1895）

渡島・胆振・後志・石狩に徴兵令施行。臨時第七師団を編成

29年（1896）

第七師団を編成。道庁、殖民地選定及び区画施設規程を議定

30年（1897）

北海道国有未開地処分法（旧法）を公布。北海道移住民規則を制定

〈主な参考文献〉

尾崎竹四郎『東北の明治維新』サイマル出版会　１９９５
加藤貞仁『戊辰戦争とうほく紀行』無明舎出版　１９９９
北国諒星『歴史探訪　北海道移民史を知る！』北海道出版企画センター　２０１９
〃　〃『青年公家・清水谷公考の志と挫折』北海道出版企画センター　２０１９
鈴木常夫『北海道に渡った仙台藩士たち―角田・亘理・岩出山・白石・柴田藩の集団移住』本の森　２００５
『別冊歴史読本60』第38巻第1号　新人物往来社　２０１２
好川之範『戊辰１５０年記念出版　北の会津士魂』歴史春秋出版　２０１８
星　亮一『会津維新銘々伝』河出書房新社　２０１０
野口信一『シリーズ藩物語　会津藩』現代書館　２０１１
本間勝喜『シリーズ藩物語　庄内藩』現代書館　２００９（※その他の東北各県の藩史シリーズ書）
若林　滋『新たなる北へ―会津屯田兵の物語―』中西出版　２００８
〃　〃『北の礎　屯田兵開拓の真相』中西出版　２００５
郡　義武『秋田・庄内戊辰戦争』新人物往来社　２００１

高橋富雄『宮城県の歴史』山川出版社　1981（※その他の東北各県の藩史シリーズ書）
星　亮一『新装版　会津藩　斗南へ―誇り高き魂の軌跡』参修社　2009
『歴史読本　特集幕末嵐の三〇〇藩』新人物往来社　1982
『歴史読本　幕末戊辰戦争全史』新人物往来社　2013
栗賀大介『サムライ移民風土記』共同文化社　1988
伊藤　廣『屯田兵の研究』同成社　1992
〃〃『屯田兵村の百年（上巻・下巻）』北海道新聞社　1979
三澤　毅『屯田兵日記〈翻刻版諸扣帳〉―会津藩士と琴似兵村の410日―』北海道屯田倶楽部編　2022
齋藤正一『庄内藩』吉川弘文館　1995
榎本守恵『侍たちの北海道開拓』北海道新聞社　1993
上原轍三郎『北海道屯田兵制度〈復刻版〉』北海学園出版会　1973
『新北海道史』第三～第六巻　北海道　1971～77
北海道史研究協議会編『北海道史事典』北海道出版企画センター　2016
田端宏一ほか『北海道の歴史』山川出版社　2003

〈著者略歴〉

北国諒星（ほっこくりょうせい）

1943年福井県坂井市生まれ。札幌市在住。金沢大学法文卒。北海道開発庁（現国土交通省）に入り北海道開発局官房長を経て歴史作家・開拓史研究家。「趣味の歴史（開拓史）講座」主宰。一道塾塾頭。北海道屯田倶楽部常任理事、北海道龍馬会・松本十郎を顕彰する会各会員。2006年３月『魂を燃焼し尽くした男―松本十郎の生涯―』で第26回北海道ノンフィクション大賞受賞。2016年11月瑞宝中綬章受賞。主な著書に＊『青雲の果て―武人黒田清隆の戦い―』、＊『えぞ侠商伝―幕末維新と風雲児柳田藤吉―』、『幕末維新　えぞ地にかけた男たちの夢―新生〝北海道〟誕生のドラマ―』、『幕末維新　えぞ地異聞―豪商・もののふ・異国人たちの雄飛―』、『さらば・・えぞ地　松本十郎伝―』、『異星、北天に煌めく』(共著)、『開拓使にいた！龍馬の同志と元新選組隊士たち』、『北垣国道の生涯と龍馬の影―戊辰戦争・北海道開拓・京都復興に足跡―』、『歴史探訪　北海道移民史を知る！』、『北前船、されど北前船―浪漫・豪商・密貿易』、『青年公家・清水谷公考の志と挫折―箱館裁判所・箱館府・箱館戦争の狭間―』『福井県と北海道の縁―北海道移民史を中心として―』（いずれも北海道出版企画センター刊。＊印の２冊は本名を用いて刊行）

（本名　奥田静夫）

敗者の明治維新と北海道移民、屯田兵

～東北諸藩の苦難の歴史～

発　行　　2024年４月15日　　２刷

著　者　　北　国　諒　星

発行者　　野　澤　緯三男

発行者　　北海道出版企画センター

〒001-0018　札幌市北区北18条西６丁目２-47

電　話　011-737-1755　ＦＡＸ　011-737-4007

振　替　02790-6-16677

ＵＲＬ　http://www.h-ppc.com/

E-mail　hppc186@rose.ocn.ne.jp

印刷所　　㈱北海道機関紙印刷所

乱丁・落丁本はおとりかえします

ISBN978-4-8328-2401-0 C0021